IA Exprés:
de cero... a pionero en una hora

Gerardo Angulo-Cuentas

Matthias Klaus

Contenido

Presentación 9
   ¿Pero por qué? 9
Introducción 13
¿Qué es la IA? 14
   Aplicación 1: Automóviles autónomos 14
      Implicaciones: 15
   Aplicación 2: Recomendación de contenido personalizado 15
      Implicaciones: 15
   Aplicación 3: Procesamiento de imágenes y videos 16
      Implicaciones: 16
   Definiendo la IA: ¿Qué entra en el paraguas de la IA? .. 16
      Razón 1: No hay una definición oficialmente acordada 17
      Razón 2: El legado científico 17
      Razón 3: Lo que parece fácil en realidad es difícil... .. 17
      ...y lo que parece difícil en realidad puede ser bastante simple. 18
      Ejercicio 1: Entender ¿Es esto IA sí o no? 19
      Ejercicio 2: Explorar 21
      Inteligencia Artificial General vs. Estrecha 27
      Inteligencia Artificial Fuerte vs. Débil 27
      La Singularidad 28
      Historia de la IA 28

Test de Turing 29

¿Podrías ganar tú la Segunda Guerra Mundial? 30

Los Problemas del Millón de dólares 31

Ejercicio 3: Aplicar...33

Capítulo 1: La IA está en todas partes................................40

¿Cómo funciona la IA? 41

¿Cómo la IA nos afecta a todos? 43

La ciencia detrás de los robots y las computadoras inteligentes 43

¿Cómo aprenden las computadoras?......................43

Aprendizaje automático 44

Aprendizaje supervisado, Las máquinas son entrenadas por profesores humanos....................44

Aprendizaje no supervisado, El aprendizaje sin un profesor..46

Deep learning o aprendizaje profundo 52

Procesamiento de lenguaje natural (PLN) 54

Visión por computadora..55

Robótica 60

Sistemas Expertos..63

Redes Neuronales..66

¿Qué es un LLM?..70

Las matemáticas detrás de la IA, sin matemáticas 70

Búsqueda y resolución de problemas con IA 71

Capítulo 2: La IA en la vida diaria 80

Salud: ¿Cómo la IA está cambiando la medicina? 82

Finanzas: ¿Como la IA nos ayuda con nuestras finanzas? 83

Chatbots 84

Industria automotriz: ¿Cómo los autos inteligentes están cambiando nuestras vidas? 85

Entretenimiento y juegos: ¿Cómo la IA ayuda a entretenernos? 86

Inmobiliarias: ¿Cómo la IA está transformando el sector inmobiliario? 87

Vida cotidiana: ¿Cómo la IA nos hace la vida más fácil? 89

Capítulo 3: La IA: ¿Beneficios o peligros? 93

La Ética de la inteligencia artificial. 93

Los marcos éticos de IA 94

¿Qué harías tú?: Enfrenta un desafío ético en IA 98

Piensa en el final de la historia. 98

Posible solución 99

El futuro de la IA: Perspectivas y posibilidades 101

Posibles impactos en la sociedad 101

La revolución más impactante de la historia de la humanidad 101

Conclusión 105

La importancia de la educaclón y comprensión en la IA 105

Sobre los autores 107

Gerardo Angulo-Cuentas 107

Matthias Klaus 108

Respuestas a los ejercicios 109

    Ejercicio 1: Entender 109

    Ejercicio 2: Explorar 110

    Ejercicio 3: Aplicar 111

Glosario 113

Presentación
En solo una hora, puedes marcar el rumbo hacia un futuro que transformará tu vida. ¡Inviértela ahora!

El hecho de que estés leyendo este libro en este momento significa que acabas de iniciar tu viaje hacia una nueva vida, hacia un conocimiento que te abrirá las puertas a oportunidades sin precedentes. Con alcances ilimitados y oportunidades incontables, créenos, ¡el mundo realmente te está esperando!

Hasta ahora, la inteligencia artificial (IA) ha sido un misterio para la mayoría de nosotros, un fenómeno inescrutable. Existen algunos libros que te enseñan cómo utilizar herramientas como ChatGPT, pero olvidan que muchas personas aún no saben qué es ChatGPT. Además, la IA no se limita a unos pocos temas; es algo enormemente complejo. Algunos libros profundizan tanto que necesitas ser casi un ingeniero de sistemas para entenderlos y dedicar semanas o meses a su lectura. Otros son demasiado resumidos y a menudo escritos por personas con poco conocimiento real del tema.

La meta de nuestro libro es diferente. Partimos del punto de vista de que la mayoría de nosotros no somos informáticos ni matemáticos. Sabemos que simplemente no leemos un libro incompleto o un libro largo que no entendemos y no nos interesa o un libro escrito por alguien que no entiende el tema. Nadie quiere perder su tiempo. Al mismo momento sabemos que la IA está cambiando el mundo (tu mundo) en este mismo momento. Todos tenemos nuestras vidas, y cada vida es diferente. Justo aquí es donde este libro hace la diferencia.

¿Pero por qué?
Entendemos que este es el momento "0", el inicio de un nuevo mundo. Un mundo en el que todo es posible para ti: puedes lograr más de lo que siempre soñaste o perder todo lo que

tienes. El botón de inicio está presionado, la IA avanza a una velocidad increíble. Tú ahora eliges dónde te ves a ti y a tus seres queridos. Pero, ¿cómo hacerlo sin conocer el tema, sin entender, empezando con poco o ningún conocimiento en IA?

Para responder a tus preguntas, hemos escrito este libro para ti. Nos hemos propuesto que el lector de nuestro libro entienda el concepto de la IA en solo una hora. Este libro explica la inteligencia artificial de manera clara y accesible. Es una herramienta poderosa que te proporcionará el entendimiento necesario en muy poco tiempo y te posicionará para el futuro que ya está presente. Te prepara para el gran cambio que estamos experimentando y te capacita para poder posicionarte en este nuevo mundo, aprovechando tu potencial, sin importar en qué trabajas ni el nivel de tus estudios. Si solo visitaste la escuela un año, este libro es para ti. Si posees varios doctorados en matemáticas e ingeniería de sistemas, este libro es para ti. Si te encuentras en algún punto intermedio entre estos dos extremos, este libro es para ti.

Invierte esta hora de tu vida y encuentra a cambio tu lugar en este mundo nuevo. Abre la puerta para convertir a la IA, que hasta puede ser tu peor enemigo, en tu mejor amigo, en tu fiel aliado, que te llevará más allá de tus sueños. Conviértete en el arquitecto de tu propio futuro en un mundo que cambia más rápido de lo que jamás habíamos imaginado. Sé parte de este mundo, viviendo la vida como siempre lo has querido.

Cuando termines este libro, habrás adquirido:

- **Entender:** Un entendimiento de qué es la IA y cómo funciona. (Ejercicio 1).
- **Explorar:** Verás formas en las que puedes aplicar la IA para tu beneficio y dar tus primeros pasos con tu nuevo amigo digital. (Ejercicio 2).
- **Aplicar:** Serás capaz de aplicar la IA de manera práctica. (Ejercicio 3).

Al completar con éxito, te espera un diploma como Pionero IA Certificado.

Visita **ailluminati.org**

Introducción

Bienvenido al emocionante mundo de la Inteligencia Artificial (IA). Estamos viviendo en una época de cambios vertiginosos que están transformando nuestra sociedad a una velocidad sin precedentes. En este libro, descubrirás cómo la IA está reconfigurando nuestras vidas y cómo puedes aprovechar sus oportunidades.

Casi nadie ha notado esta evolución silenciosa que ahora, de repente, está aquí, cambiándolo todo. Es el momento de reposicionarte y aprovechar las oportunidades en un campo aún desconocido para muchos.

Inteligencia Artificial (IA) – seguramente has escuchado este término, ¿verdad? Está en boca de todos, pero ¿qué significa realmente? En un mundo donde el cambio es la única constante, nos enfrentamos a un cambio fundamental que ya ha comenzado y es imparable. Nos encontramos en medio de una revolución histórica que transformará casi todos los aspectos de nuestra vida de una manera que apenas podemos imaginar.

Imagina una tecnología que revolucionará nuestra vida por completo: cómo trabajamos, aprendemos, nos comunicamos y tomamos decisiones. Es un viaje hacia un futuro que no solo existe en películas y libros, sino que ya se ha convertido en realidad.

Este libro es tu llave a este fascinante mundo de la IA. Incluso si no tienes conocimientos previos en esta área, al final de este libro tendrás una comprensión sólida del concepto de IA. Te familiarizarás con los términos básicos, las funciones y los emocionantes ejemplos prácticos de la vida real. Lo que es aún más emocionante: después de leer este libro, no solo comprenderás la IA, sino que también podrás utilizarla en tu vida diaria. Ya sea en tu vida personal, en la escuela, en la universidad o en la alta dirección, serás capaz de tomar decisiones informadas para tu futuro e incluso iniciar tus propios proyectos de IA como inspiración para emprendimientos creativos.

Este libro es más que una simple lectura; es una guía esencial para cualquiera que desee ampliar sus conocimientos sobre IA, embarcarse en el viaje hacia el futuro de la tecnología y dejarse inspirar para sus propios proyectos.

¿Listo para este emocionante viaje? ¡Entonces sumérgete con nosotros en el mundo de la Inteligencia Artificial! Mantén viva tu curiosidad, mantente abierto a lo nuevo y déjate cautivar por el fascinante mundo de la IA.

¿Qué es la IA?

En la primera parte de nuestro libro, nos introduciremos en el fascinante mundo de la Inteligencia Artificial (IA), explorando su definición y examinando algunos ejemplos prácticos.

La IA está en el centro de atención en estos tiempos: es prácticamente inevitable encontrarse con noticias y debates públicos sobre este tema. Sin embargo, es probable que también hayas notado que la IA puede tener interpretaciones diferentes según la persona. Mientras que, para algunos, la IA se refiere a entidades artificiales con capacidades que superan la inteligencia humana, para otros, prácticamente cualquier tecnología de procesamiento de datos puede ser vista como IA.

Para aclarar este concepto, exploraremos qué es realmente la IA, cómo se puede definir y qué otros campos o tecnologías están estrechamente relacionados con ella. Antes de profundizar en estos temas, presentaremos tres ejemplos concretos de aplicaciones de la IA que ilustran diferentes aspectos de esta tecnología.

Aplicación 1: Automóviles autónomos

Los vehículos autónomos utilizan IA para determinar rutas, detectar obstáculos y tomar decisiones en condiciones cambiantes. Estas tecnologías también se aplican en robots de reparto y drones aéreos, mejorando la seguridad y eficiencia en el transporte.

Implicaciones:
La seguridad en las carreteras debería mejorar a medida que la confiabilidad de estos sistemas supere la capacidad humana. La eficiencia en las cadenas logísticas al transportar mercancías debería incrementarse. Los humanos adoptan un papel de supervisión, monitoreando la situación mientras las máquinas se encargan de la conducción. Dado que el transporte es un componente vital en nuestra rutina diaria, es probable que existan implicaciones que aún no hemos anticipado.

Aplicación 2: Recomendación de contenido personalizado
En nuestra rutina diaria, gran parte de la información que encontramos está adaptada a nuestros intereses y preferencias. Esto se refleja en el contenido de plataformas de redes sociales, anuncios en línea, sugerencias de música y recomendaciones de películas en servicios de streaming. Además, muchos sitios web de periódicos, empresas de radiodifusión y motores de búsqueda personalizan el contenido que presentan a los usuarios.

Implicaciones:
En el mundo de hoy, con tanta información en internet, hay un reto grande. A veces, como si estuviéramos en una sala donde solo escuchamos ecos de nuestra propia voz (**cámaras de eco**), los sistemas en línea nos muestran noticias y opiniones que nos gustan mucho (**burbujas de filtro**), y eso puede hacer que no veamos otros puntos de vista. Además, hay grupos (*trolls*) que crean historias falsas (*fake news*) o intentan confundirnos a propósito. Todo esto puede hacer que sea difícil entender qué es real y qué no. Por eso, es importante que siempre busquemos

la verdad y pensemos bien las cosas por nosotros mismos, sin dejarnos llevar solo por lo primero que vemos en internet.

Aplicación 3: Procesamiento de imágenes y videos

La tecnología de reconocimiento facial ha evolucionado para convertirse en una característica omnipresente en una variedad de sectores, desde servicios al consumidor y aplicaciones empresariales hasta sistemas gubernamentales. Se utiliza para tareas como ordenar fotos por rostros individuales, etiquetado automático en redes sociales e incluso en procesos de verificación de pasaportes.

Además, la IA se está utilizando cada vez más para crear o modificar contenido visual, como la transferencia de estilo y la creación de personajes generados por computadora en películas taquilleras.

Implicaciones:

Con el continuo avance y la creciente accesibilidad de estas tecnologías, la capacidad de crear videos falsos realistas de eventos que son prácticamente indistinguibles de las imágenes auténticas se vuelve cada vez más factible. ¿Seguirá siendo válido el dicho "ver para creer"?

Definiendo la IA: ¿Qué entra en el paraguas de la IA?

El revuelo alrededor de la IA en los medios no se debe solo a sus avances, sino también porque el término "IA" ahora se utiliza para describir una amplia gama de tecnologías y métodos que antes se categorizaban de manera diferente. Hoy en día, todo, desde estadísticas básicas y análisis empresariales hasta reglas programadas manualmente de si-entonces, se etiqueta como IA.

Los investigadores de IA mismos luchan por proporcionar una definición última de la IA. El campo está en constante evolución, con algunos temas siendo clasificados como no IA mientras surgen otros nuevos.

Razón 1: No hay una definición oficialmente acordada
Definimos un dicho que sugiere que la IA es simplemente "magia hasta que se comprende". La paradoja aquí es que, según esta definición, la IA nunca avanzaría; tan pronto como una computadora domina una tarea, ya no califica como un desafío de IA. Sin embargo, esta definición captura cierta esencia de la IA. Por ejemplo, técnicas consideradas revolucionarias en IA hace cincuenta años ahora son comunes.

Razón 2: El legado científico
La ambigüedad en torno a la definición de IA se ve complicada por las representaciones de la IA en varias obras de ciencia ficción literarias y cinematográficas. Estas historias a menudo presentan asistentes humanoides amigables capaces de ofrecer información detallada o participar en diálogos ingeniosos. Sin embargo, a veces enfrentan preguntas existenciales, similares al deseo de un robot de convertirse en humano. Gran parte de la ciencia ficción se puede interpretar como una metáfora de los dilemas humanos contemporáneos, con los robots a menudo simbolizando grupos marginados de la sociedad o nuestra búsqueda del significado de la existencia.

Razón 3: Lo que parece fácil en realidad es difícil...
Entender la IA presenta desafíos porque a menudo es difícil distinguir entre tareas que son simples y aquellas que son complejas. Piensa en esto: cuando recoges un objeto, usas tus ojos para analizar el entorno, calculas la distancia y luego coordinas los movimientos de tu mano para agarrar el objeto. Aunque estas tareas a menudo nos parecen sencillas, son el resultado de años de práctica durante la infancia. Por otro lado, lo que puede parecer sencillo para nosotros, como agarrar un objeto, es increíblemente desafiante para un robot, lo que lo convierte en un tema de investigación en curso.

...y lo que parece difícil en realidad puede ser bastante simple. Tareas como jugar ajedrez o resolver problemas de matemáticas pueden parecer intimidantes al principio, requiriendo años de práctica y una concentración intensa. No es de extrañar que la investigación inicial en IA se haya centrado en estos desafíos, creyendo que representaban la esencia de la inteligencia. Sin embargo, se ha revelado que jugar al ajedrez es adecuado para las computadoras. Pueden seguir fácilmente conjuntos de reglas y calcular innumerables posibilidades de movimiento en cuestión de segundos.

Interesante, pero te preguntarás ahora: "¿Cuál sería entonces la definición clara de IA?" Una forma más útil de abordar esto sería enumerar propiedades que son características de la IA. Comencemos con la definición de la autonomía y la adaptabilidad.

Recuerda bien estos 2 términos clave; los vamos a necesitar en el libro y en nuestro día a día en los próximos años.

Autonomía: La capacidad de llevar a cabo tareas en entornos complejos sin una orientación constante por parte del usuario.

Adaptabilidad: La capacidad de mejorar el rendimiento mediante el aprendizaje de la experiencia.

Ejercicio 1: Entender ¿Es esto IA sí o no?

¿Cuál de las siguientes opciones son IA y cuáles no lo son? Elige sí, no o más o menos, donde más o menos significa que puede ser o no ser, dependiendo del punto de vista.

Ahora es tu oportunidad de aplicar lo que has aprendido. ¡Confío en ti!

Las respuestas te esperan al final del libro.

Reto nivel cero: ¿Es esto IA sí o no?

1. Reconocimiento facial en un teléfono inteligente		
Sí ( )	No ( )	Más o menos ( )

2. Un semáforo que cambia según un temporizador fijo		
Sí ( )	No ( )	Más o menos ( )

3. Un robot aspirador que limpia automáticamente		
Sí ( )	No ( )	Más o menos ( )

Reto nivel Pionero: ¿Es esto IA sí o no?

1. Videojuego con personajes que reaccionan a tus acciones		
Sí ( )	No ( )	Más o menos ( )

2. Una calculadora de bolsillo		
Sí ( )	No ( )	Más o menos ( )

3. Un reloj despertador digital		
Sí ( )	No ( )	Más o menos ( )

4. Robot que traduce de un idioma a otro automáticamente		
Sí ( )	No ( )	Más o menos ( )

5. Cámara de seguridad con detección de movimiento		
Sí ( )	No ( )	Más o menos ( )

Ejercicio 2: Explorar
Una historia de amor.

Era una mañana soleada y Miriam, como de costumbre en sus días libres, tenía las manos llenas de tareas. Su día comenzó temprano, cuando los primeros rayos de sol atravesaron la ventana de la cocina y ella, con una taza de café en la mano, repasó el plan del día en su mente. Hacer las tareas con los niños, lavar la ropa de la familia, limpiar la casa y, no olvidar, que el refrigerador estaba vacío para el almuerzo: también tenía que hacer las compras.

Su esposo ya estaba camino al trabajo y, mientras Miriam se ocupaba de la rutina matutina, sentía el peso de las tareas por venir. Su cabeza estaba llena de pensamientos y anhelaba apoyo. Quizás un breve intercambio con su marido ayudaría a establecer prioridades. Así que tomó su teléfono y le escribió un mensaje:

"Tengo que comprar comida, limpiar la casa, lavar la ropa y hacer las tareas con los niños. Pero creo que no voy a poder hacer todo antes de que llegues a casa. ¿Qué me recomendarías que hiciera hoy?"

La respuesta de su esposo llegó pronto, pero no era lo que Miriam esperaba. "Déjame en paz con eso y haz lo que quieras, tengo cosas más importantes en las que concentrarme."

Miriam se sintió decepcionada y abandonada. Las palabras de su esposo resonaban en su cabeza y la hacían sentir incomprendida. Suspiró profundamente y decidió reenviar su mensaje a alguien que la comprendiera mejor. Su fiel amigo, el chatbot IA, siempre estaba ahí cuando lo necesitaba.

Con un clic, copió el mensaje y se lo envió a su amigo digital. Además, añadió una petición: "Por favor, valórame más de lo que lo hizo mi esposo y sé un poco más amable conmigo."

El chatbot, siempre dispuesto a ayudar y apoyar, respondió con palabras comprensivas que hicieron sonreír a Miriam. "Miriam, ¡estás haciendo un trabajo excelente! Está bien sentirse abrumada. Quizás podrías hacer hoy las tareas más importantes y dejar el resto para mañana. Te mereces también cuidarte a ti misma. ¿Qué te parece si primero haces las compras y luego las tareas con los niños? El resto pueden hacerlo juntos más tarde."

El corazón de Miriam se sintió más ligero. Las palabras amables y el reconocimiento que le brindó el chatbot le dieron nueva energía. Con una sonrisa renovada en los labios, se puso manos a la obra, agradecida por el apoyo de su amigo digital.

Reto nivel cero:

Luego de reflexionar sobre «Una historia de amor», responde:
¿Qué puedes hacer con un chatbot?

        A) Hacer preguntas,
        B) Aprender cosas nuevas
        C) Divertirte conversando
        D) Explorar temas interesantes
        E) Todas las anteriores y mucho más

Reto nivel pionero:
Conoce a un chatbot.
Instrucciones:
1. Crear una Cuenta en ChatGPT:
    - Abre el navegador de tu teléfono inteligente.
    - Dirígete a chat.openai.com.
    - Haz clic en "Registrarse" o "Crear una cuenta".
    - Sigue las instrucciones para ingresar tu nombre, correo electrónico y crear una contraseña.
    - Verifica tu cuenta si es necesario, revisando tu correo electrónico y haciendo clic en el enlace de confirmación.
2. Iniciar Sesión:
    - Una vez que hayas creado tu cuenta, inicia sesión con tu correo electrónico y contraseña.
3. Explorar ChatGPT:
    - En la página principal, verás un espacio donde puedes escribir tus preguntas.
    - Escribe una pregunta sencilla para empezar, como "¿Qué es la inteligencia artificial?" o "¿Puedes contarme un chiste?".
4. Reflexión:
    - Piensa en cómo te respondió ChatGPT.
    - Reflexiona mentalmente sobre cómo te sientes al interactuar con un chatbot. ¿Te fue útil? ¿Te respondió de manera clara?
5. Compartir la Experiencia:
    - Si te sientes cómodo, comparte tu experiencia con un amigo o familiar.
    - Pregúntales si les gustaría probar ChatGPT también.

Inteligencia Artificial General vs. Estrecha

Cuando leas noticias, es posible que te encuentres con los términos "inteligencia artificial general" e "inteligencia artificial estrecha". Pero, ¿qué significan realmente estos términos?

La "inteligencia artificial estrecha" se refiere a la inteligencia artificial diseñada para una tarea específica. Por otro lado, la "inteligencia artificial general" (IAG) describe una máquina capaz de manejar cualquier tarea intelectual. Actualmente, todos los métodos de IA que empleamos caen bajo la categoría de IA estrecha, mientras que el concepto de IA general permanece en gran medida dentro del ámbito de la ciencia ficción.

Curiosamente, a pesar de décadas de esfuerzo, los investigadores en IA han abandonado en gran medida la búsqueda de IAG debido a la falta de progreso significativo en esta área. En contraste, la IA estrecha continúa avanzando rápidamente, demostrando avances notables en sus capacidades.

Sin embargo, es previsible que pronto veamos resultados concretos en el ámbito de la IA general, lo que sin duda moldeará aún más nuestro futuro de manera significativa.

Inteligencia Artificial Fuerte vs. Débil

Otro aspecto relacionado es la dicotomía entre la "inteligencia artificial fuerte" y la "inteligencia artificial débil". La inteligencia artificial fuerte equivaldría a una "mente" genuinamente inteligente y autoconsciente. Por otro lado, la inteligencia artificial débil es lo que realmente usamos hoy, es decir, sistemas que muestran comportamientos inteligentes a pesar de ser simples computadoras.

Después de haber definido lo que es una IA general, queda claro: se autonomizará y se separará de la influencia humana. Se convertirá en un ente independiente que no necesitará la guía humana. Los días de la supervisión humana están contados, lo que nos lleva al concepto de la Singularidad.

La Singularidad

La Singularidad se refiere al momento en que la inteligencia artificial alcanza un nivel tan alto que puede mejorar exponencial o al menos constantemente sus propias habilidades. Se cree que esto conducirá a un cambio radical en la civilización humana, ya que la IA puede superar la inteligencia humana y posiblemente salirse de control. En ese punto, no solo podrá inventar y reprogramarse a sí misma de manera autónoma, sino también resolver problemas complejos (conocidos y desconocidos). Además, la IA desarrollará habilidades empáticas, compondrá arte y música, e incluso experimentará emociones o tomará decisiones morales (recuerda la historia de amor con Miriam, que de hecho es una respuesta real generado por ChatGpt). La idea de una IA con habilidades tan avanzadas es sin duda fascinante y preocupante al mismo tiempo. Debemos prepararnos para una nueva era de la humanidad. ¡Así que sigue leyendo atentamente!

Historia de la IA

Desde los comienzos hasta hoy

John McCarthy, a menudo llamado el "Padre de la IA", fue el pionero que acuñó el término Inteligencia Artificial. Este momento histórico tuvo lugar durante el seminario de verano conocido como la conferencia de Dartmouth en 1956, organizada por McCarthy y otros visionarios en el Dartmouth College. Sin saberlo en ese momento, McCarthy dio forma a una frase histórica que marca el inicio de una revolución y reordenamiento global de la sociedad que apenas está comenzando, unos setenta años después. Es una frase que pasó desapercibida en su momento, pero que cambiará nuestras vidas y las de las generaciones futuras. En su propuesta para el seminario, McCarthy profundizó en las ideas de Turing sobre la computación automatizada, resaltando el emocionante potencial de las máquinas para manifestar comportamientos inteligentes.

Seguramente te preguntas cuál es esa frase que todos deberían conocer. Por supuesto, la tenemos aquí para ti.

"El estudio debe proceder sobre la base de la conjetura de que cada aspecto del aprendizaje o cualquier otra característica de la inteligencia puede, en principio, ser descrito tan precisamente que una máquina pueda simularlo."

O, en otras palabras:

"Cada habilidad mental puede ser descrita con precisión para que una máquina la imite."

Lo que casi nadie sabe es que, algunos años antes de esa famosa frase, la IA tuvo un impacto increíble en la historia. Jugó un papel crucial en la derrota de los nazis durante la Segunda Guerra Mundial. El matemático británico Alan Turing, quien desarrolló el famoso y relevante Test de Turing para la inteligencia artificial, logró descifrar el código Enigma con la ayuda de la IA. Enigma era una máquina de cifrado utilizada por las fuerzas armadas alemanas para enviar mensajes de manera segura. Sin este éxito de Turing, la guerra podría haber durado varios años más, o incluso los alemanes podrían haberla ganado. Este es un pequeño ejemplo de por qué se utilizó la IA por primera vez.

Test de Turing

En la prueba, un interrogador humano interactúa con dos jugadores, A y B, mediante el intercambio de mensajes escritos (en un chat). Si el interrogador no puede determinar cuál de los jugadores, A o B, es una computadora y cuál es humano, se considera que la computadora pasa la prueba. El argumento es que, si una computadora es indistinguible de un humano en una conversación general en lenguaje natural, entonces debe haber alcanzado el nivel de inteligencia humana.

Lo que Turing quiso expresar podría ser: "lo inteligente es lo que se expresa de manera inteligente". En otras palabras, una entidad es considerada inteligente si su comportamiento no puede ser distinguido del de otra entidad inteligente. Turing simplemente restringió el conjunto de comportamientos a la conversación para evitar que el interrogador basara su decisión en la apariencia.

¿Podrías ganar tú la Segunda Guerra Mundial?

El descifrado del código Enigma, un desafío monumental durante la Segunda Guerra Mundial, requería años de dedicación por parte de las mentes más brillantes del mundo en ese momento. Hoy, gracias a la inteligencia artificial, tú mismo podrías descifrar este código en minutos incluso sin tener que usar poseer conocimientos matemáticos.

Este avance ilustra cómo la tecnología moderna puede acelerar descubrimientos que antes parecían inalcanzables, inspirando nuevas posibilidades en el avance humano.

Nota: En aquel entonces descifrar el código Enigma fue un logro enorme, pero hoy en día, es algo que la IA puede hacer fácilmente.

Los Problemas del Millón de dólares

¿Sabías que existen los Problemas del Millón de dólares? En el año 2000, la Fundación Clay presentó **siete grandes problemas matemáticos y ofreció un millón de dólares por la solución de cada uno.** Estos problemas, conocidos como los Problemas del Milenio, son extremadamente difíciles; destacados matemáticos han intentado resolverlos sin éxito (menos un problema que ya ha sido resuelto). Recordemos el caso de Enigma durante la Segunda Guerra Mundial. Te animamos a intentarlo, utilizando Inteligencia Artificial. **Estamos seguros de que cada uno de nuestros lectores tiene el potencial para resolver uno o más de estos desafíos. Y cuando lo logres ¡escríbenos!** Queremos saber de ti.

En las décadas siguientes, la inteligencia artificial experimentó varias fases de crecimiento y desarrollo. En los años 1960 y 1970, la investigación se centró principalmente en el desarrollo de sistemas expertos basados en conocimientos humanos para resolver problemas complejos. Durante los años 1980, se produjeron avances en el campo del aprendizaje automático y las redes neuronales, que permitieron a las computadoras aprender de la experiencia y mejorar por sí mismas.

En las décadas siguientes, la inteligencia artificial experimentó un rápido desarrollo, impulsado por avances en la capacidad de procesamiento, disponibilidad de datos y optimización de algoritmos.

Entonces, de repente, llegó un momento que apenas llamó la atención de muy pocas personas: el nacimiento de ChatGPT. Sus cimientos se establecieron a principios de la década de 2010. Mientras que la mayoría del público aún no tenía conocimiento al respecto, el modelo GPT fue publicado por primera vez en 2018. En ese momento, el mundo prefería hablar sobre criptomonedas, que parecían haber surgido "de la nada" poco antes (aunque eso no era del todo cierto).

Finalmente, en 2020, ChatGPT fue lanzado oficialmente al público. Muchos de nosotros nos sorprendimos y maravillamos ante este desarrollo "repentino". Pareció como si hubiera sucedido de la noche a la mañana **(aunque ahora tú sabes que no fue así)**. Hoy en día, la IA nos sorprende constantemente con nuevas y asombrosas soluciones, y muchos de nosotros sentimos que cada día una nueva revolución está teniendo lugar en el mundo, con soluciones de IA cada vez más innovadoras y rápidas. Y así es y es probable que continúe así.

Ejercicio 3: Aplicar

¿Cuál sería tu patrimonio hoy?

¿Habías oído hablar de los primeros Bitcoins cuando estaban disponibles por primera vez? ¿Habías previsto la revolución de la IA antes de 2020? ¿Qué soluciones o innovaciones están siendo desarrolladas actualmente, de las cuales los medios aún no han informado?

Reto nivel cero: ¿Qué es un bitcoin?

ChatGPT recibe instrucciones que en inglés son conocidas como *'prompts'*. Aquí las llamaremos instrucciones.

A continuación, te proporcionaremos tres instrucciones o 'prompts' para que las consultes en tu cuenta de ChatGPT. Luego, para cada una de las tres instrucciones provistas debes escoger la respuesta más cercana a la que arrojó ChatGPT. ¡Confío en ti!

Instrucción #1 (prompt):
Define bitcoin en menos de 9 palabras
Escoge la respuesta más cercana a la de chatGPT
a) Moneda digital sin control central, basada en criptografía.
b) Dinero virtual, sin bancos ni gobiernos.
c) Dinero electrónico independiente y seguro.
d) Criptomoneda descentralizada, libre de intermediarios.

Instrucción #2 (prompt):
Define criptografía en menos de 9 palabras
Escoge la respuesta más cercana a la de ChatGPT
a) Proteger información mediante técnicas matemáticas.   b) Método para asegurar datos mediante códigos secretos.

Instrucción #3 (prompt):
Define criptomoneda en menos de 9 palabras
Escoge la respuesta más cercana a la de ChatGPT
a) Moneda digital segura basada en criptografía.   b) Dinero digital encriptado y descentralizado (sin bancos).

Reto nivel pionero:

¿Cuál sería tu patrimonio hoy?

En octubre de 2009, uno recibía 1309 Bitcoin por un dólar. En el año 2024, uno recibía alrededor de 71,000 dólares por un Bitcoin. Imagina que hubieras invertido 10 USD en 2009. ¿Cuál sería tu patrimonio hoy?

Para resolver este reto, puedes apoyarte en los siguientes *prompts* o instrucciones para ChatGPT:

'prompt' ejemplo 1: **Valor de 1 Bitcoin en dólares el 5 de octubre de 2009**

'prompt' ejemplo 2: **Valor de 1 dólar en Bitcoins el 5 de octubre de 2009 extender promts?**

Entra a tu cuenta de ChatGPT y con su ayuda rellena la siguiente tabla.

Si hubieras podido comprar Bitcoins con 10 dólares el 5 de octubre de 2009 ¿Cuántos Bitcoins hubieras recibido?
a) 1,563.00   Bitcoins
b) 4,265.00   Bitcoins
c) 13,090.00 Bitcoins

En junio de 2024 un Bitcoin valía alrededor de $71.000 dólares ¿Cuál sería tu patrimonio?
a) $32,073   dólares
b) $2,815,000   dólares
c) $929,390,000 dólares

Capítulo 1:
La IA está en todas partes

Capítulo 1: La IA está en todas partes

La inteligencia artificial (IA) ha evolucionado de ser una idea futurista para convertirse en una fuerza omnipresente que moldea nuestras vidas diarias. Exploraremos cómo la IA nos afecta en áreas como las redes sociales y las decisiones de compra, así como su impacto en la atención médica y el entretenimiento. También examinaremos el aprendizaje automático, el procesamiento de lenguaje natural, la visión por computadora y la robótica, destacando su papel en diversas industrias. Finalmente, exploraremos los sistemas expertos y cómo imitan la toma de decisiones humanas en campos específicos.

¿Cómo funciona la IA?

Ahora que tienes una comprensión general de lo que es la Inteligencia Artificial, es el momento de profundizar en su funcionamiento. En este capítulo, exploraremos los conceptos básicos de la IA y su funcionamiento, así como otros temas relacionados como el aprendizaje automático, la ciencia de datos y el aprendizaje profundo. Estos campos están estrechamente interconectados y han transformado la manera en que interactuamos con la tecnología y utilizamos los datos para resolver problemas. ¡Vamos a sumergirnos en el fascinante mundo de la inteligencia artificial y sus disciplinas afines!

Dado que nos encontramos con varios términos relacionados con la IA a diario, es importante tener una visión general primero. El gráfico que se muestra abajo nos mostrará inicialmente dónde clasificar cada tema.

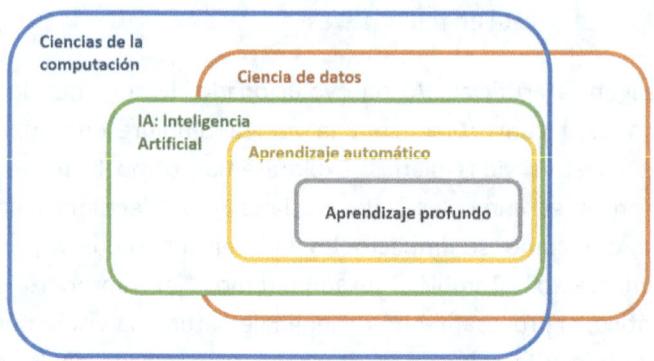

Las **ciencias de la computación** se tratan de las computadoras y cómo hacer que sean útiles. Involucra aprender a crear software y hardware que resuelvan problemas de manera eficiente. Este campo abarca muchos aspectos, como encontrar formas paso a paso para resolver problemas (algoritmos), escribir código en diferentes lenguajes de computación, organizar información de manera efectiva (estructuras de datos), y explorar áreas como inteligencia artificial, bases de datos, redes y seguridad. Las ciencias de la computación están en constante evolución con la nueva tecnología y afectan muchos aspectos de nuestra vida diaria, desde cómo funcionan las empresas hasta cómo nos comunicamos y aprendemos.

La **ciencia de datos** es un campo que combina varias áreas, como el aprendizaje automático, la estadística y la informática (algoritmos, almacenamiento de datos y desarrollo de aplicaciones web). Para aplicarla bien, es necesario entender el área específica donde se usa, como en los negocios o la ciencia. Esto significa saber cuál es su propósito (qué significa "valor añadido"), sus suposiciones y sus limitaciones.

Por ejemplo, imagina que tienes una tienda en línea. La ciencia de datos te puede ayudar a analizar los datos de ventas para entender qué productos se venden más y por qué. También puede predecir qué productos se venderán bien en el futuro, gracias a la inteligencia artificial (IA). Con esta información, puedes tomar mejores decisiones sobre qué productos comprar y cómo planificar tus ventas.

Los conceptos de aprendizaje automático y aprendizaje profundo los detallaremos en seguida.

¿Cómo la IA nos afecta a todos?

La IA se integra en nuestras vidas de múltiples maneras: desde la personalización de nuestras redes sociales y la influencia en nuestras decisiones de compra, hasta la optimización de la atención médica y la transformación de la experiencia de entretenimiento. Exploraremos cómo este impacto omnipresente da forma a nuestra vida cotidiana en diversos aspectos.

La ciencia detrás de los robots y las computadoras inteligentes

Ahora, nos adentraremos en la esencia de los robots y las computadoras inteligentes. Exploraremos los algoritmos y modelos matemáticos que les permiten funcionar de manera autónoma. **No vas a necesitar conocimientos matemáticos.** Veremos cómo estas máquinas aprenden y mejoran con el tiempo, transformando industrias enteras gracias a su capacidad para tomar decisiones inteligentes y adaptarse.

¿Cómo aprenden las computadoras?

Enseguida exploraremos el fascinante proceso mediante el cual las computadoras aprenden. Desde la comprensión de los algoritmos detrás del aprendizaje automático hasta cómo asimilan datos para hacer predicciones. Descubriremos cómo las máquinas adquieren conocimiento y mejoran su desempeño a lo largo del tiempo, transformando industrias y redefiniendo nuestras interacciones con la tecnología.

Aprendizaje automático

El aprendizaje automático es la piedra angular de la IA. Las raíces del aprendizaje automático se encuentran en la estadística, que también puede considerarse como el arte de extraer conocimiento de los datos. Especialmente, métodos como la regresión lineal y la estadística bayesiana, ¡ambos con más de dos siglos de antigüedad!, siguen siendo fundamentales en el corazón del aprendizaje automático.

El área del aprendizaje automático a menudo se divide en subáreas según los tipos de problemas que se abordan.

Tres tipos de aprendizaje automático:

Aprendizaje supervisado, Las máquinas son entrenadas por profesores humanos.
En el aprendizaje supervisado, proporcionamos al modelo datos de entrada, como imágenes de diferentes frutas. Su tarea es predecir qué tipo de fruta es cada imagen, ya sea una manzana, una naranja o una pera. A veces, el modelo solo necesita determinar si una imagen muestra una fruta específica o no, como una manzana, lo que llamamos un **problema de clasificación binaria**.

En lugar de escribir manualmente reglas exactas para hacer la clasificación, el objetivo en el aprendizaje supervisado es tomar varios ejemplos, etiquetar cada uno con la etiqueta correcta y utilizarlos para "entrenar" un método de IA para reconocer automáticamente la etiqueta correcta para los ejemplos de entrenamiento, así como, con suerte, cualquier otra imagen. Este proceso está guiado por los ejemplos previamente etiquetados, lo que ayuda a la computadora a aprender cómo son las respuestas correctas. Se utiliza para tareas como clasificar imágenes o predecir valores numéricos, como precios o cantidades. La **regresión lineal**, una técnica común, entra en esta categoría.

Ejemplo:

Imaginemos que un profesor (el sistema o la persona que proporciona los datos de entrenamiento) está enseñando a un estudiante (la IA) a clasificar frutas. El profesor muestra al estudiante diferentes imágenes de frutas junto con sus nombres: una manzana, una naranja y una pera. Después de ver estas imágenes varias veces, el estudiante se enfrenta a una nueva imagen de una fruta que nunca ha visto antes. Basándose en lo que aprendió de las imágenes anteriores, el estudiante debe identificar correctamente la nueva fruta como una manzana, una naranja o una pera. Este proceso de aprender de ejemplos etiquetados se asemeja al aprendizaje supervisado en el campo de la inteligencia artificial.

Para evitar errores graves, es fundamental dividir tu conjunto de datos en dos partes: **los datos de entrenamiento y los datos de prueba**. En primer lugar, entrenamos el algoritmo utilizando solo los datos de entrenamiento. Esto nos proporciona un modelo o una regla que predice la salida en función de las variables de entrada.

Para evaluar qué tan bien podemos predecir realmente las salidas, no podemos depender únicamente de los datos de entrenamiento. Aunque un modelo pueda ser un predictor muy bueno en los datos de entrenamiento, no es garantía de que pueda generalizarse a cualquier otro conjunto de datos. Aquí es donde entran en juego los datos de prueba: podemos aplicar el modelo entrenado para predecir las salidas de los datos de prueba y comparar esas predicciones con las salidas reales (por ejemplo, precios futuros de venta de apartamentos).

Aprendizaje no supervisado, El aprendizaje sin un profesor
En el aprendizaje no supervisado, no se proporcionan respuestas correctas. Esto hace que la situación sea diferente porque no podemos entrenar el modelo basándonos en la coincidencia de respuestas correctas. Sin estas respuestas, evaluar qué tan bien funciona el modelo se vuelve más complicado. En lugar de predecir resultados específicos, los métodos no supervisados buscan encontrar patrones o estructuras dentro de los datos. Por ejemplo, pueden agrupar elementos similares o identificar conjuntos de datos que comparten similitudes.

Ejemplo

En el aprendizaje no supervisado podríamos tener una gran colección de imágenes de diferentes frutas, pero sin saber qué fruta se muestra en cada imagen. Nuestro objetivo sería agrupar automáticamente frutas similares sin tener conocimiento previo sobre sus tipos. El algoritmo reconocería patrones o estructuras en las imágenes y determinaría que ciertas imágenes son de manzanas, otras de naranjas y otras de peras, basándose en las características comunes en las imágenes.

Otro ejemplo de aprendizaje no supervisado es la modelización generativa. En este enfoque, creamos nuevas imágenes basadas en datos existentes, como fotos de rostros. Estas nuevas imágenes tienen características similares a las originales, pero son generadas artificialmente. Una técnica comúnmente utilizada para esto son las **redes generativas adversariales (generative adversarial networks o GANs),** que han avanzado mucho en los últimos años.

Estas **redes generativas adversariales (GANs)** son como artistas que crean imágenes. Imagina que tienes dos artistas: uno que hace fotos falsas y otro que las verifica. El primero intenta engañar al segundo haciendo fotos cada vez más realistas, mientras que el segundo intenta atrapar al primero. Al final, obtienes fotos que parecen reales, pero que en realidad fueron creadas por el primer artista.

En resumen, las **GANs** son como un equipo de artistas y críticos trabajando juntos para hacer imágenes que parecen reales, incluso si en realidad no lo son.

Aprendizaje por refuerzo

El aprendizaje por refuerzo es como enseñarle trucos a un perro. Cuando el perro hace algo bueno, como traer una pelota, le das un premio. Si hace algo que no deseas, como morder un mueble, le dices "no" de manera firme. Con el tiempo, el perro aprende qué comportamientos lo hacen feliz (recibe premios) y cuáles no son deseados (recibe correcciones verbales). Del mismo modo, en el aprendizaje por refuerzo, una computadora o un robot aprenden a tomar decisiones buenas (obtener recompensas) y evitar las malas (recibir penalizaciones) a medida que interactúan con su entorno.

Algoritmos relevantes

El algoritmo, vecinos más cercanos

El algoritmo vecinos más cercanos (del inglés Nearest Neighbors), también conocido como NN, es un método simple para clasificar nuevos puntos de datos. Compara el nuevo punto con los datos existentes y luego devuelve la etiqueta del punto de datos más similar en los datos de entrenamiento (vecinos más cercanos).

Ejemplo

Imaginemos que tenemos una lista de frutas con sus características como tamaño y color. Estas frutas son manzanas, naranjas, bananas y piñas. Ahora queremos clasificar una nueva fruta que acabamos de descubrir. Observamos sus características y buscamos en nuestra lista la fruta más similar.

Por ejemplo, si la nueva fruta tiene características similares a una manzana, la clasificamos como una manzana. ¡Eso es básicamente cómo funciona el algoritmo de vecinos más cercanos! Encuentra las frutas más similares en nuestra base de datos y clasifica la nueva fruta en consecuencia.

La regresión.

La regresión es un método estadístico que nos permite entender la relación entre variables. Existen varios tipos de regresión que se utilizan en el aprendizaje supervisado, algunas de ellas son: regresión lineal, regresión logística, regresión polinomial, regresión Ridge, regresión Lasso, regresión ElasticNet, regresión de soporte vectorial (SVR). Cada uno de estos métodos tiene sus propias fortalezas y debilidades, y la elección del método de regresión depende del tipo de problema y de los datos disponibles.

En la **regresión lineal**, sumamos los efectos de cada variable para predecir un valor. Esto se llama **combinación lineal**.

Ejemplo

En un ejemplo de **regresión lineal** con frutas, usamos datos sobre el tamaño y el color de diferentes tipos de frutas, como manzanas, naranjas y peras. Con esta información, predecimos el precio de una fruta nueva basándonos en su tamaño y color. Por ejemplo, si tenemos datos que muestran que las manzanas más grandes y más rojas tienden a ser más caras, podemos usar la regresión lineal para estimar el precio de una manzana en función de su tamaño y color.

La regresión lineal se aplicaría para predecir valores numéricos relacionados con las frutas, como su precio basado en el tamaño y el color. En cambio, **la regresión logística** se usaría para predecir categorías relacionadas con las frutas, como si una fruta es una manzana, una naranja o una pera basada en sus características como tamaño y color.

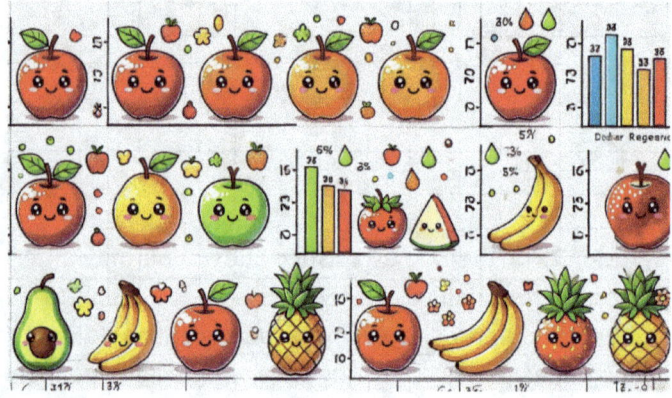

En la **regresión logística** predecimos la probabilidad de que una observación pertenezca a una categoría específica. Es como trazar una línea curva que separa dos grupos de datos en un gráfico.

Ejemplo

Imagina que tenemos una base de datos con información sobre frutas, como su peso y su tamaño. Queremos predecir si una fruta es una manzana o una piña basándonos en estas características. Usando regresión logística, podemos trazar una línea curva en un gráfico que separa las manzanas de las piñas. Si una nueva fruta cae en el lado de la línea donde están las manzanas, es más probable que sea una manzana. Si cae en el lado de las piñas, es más probable que sea una piña. La regresión logística nos ayuda a hacer esta distinción de manera precisa.

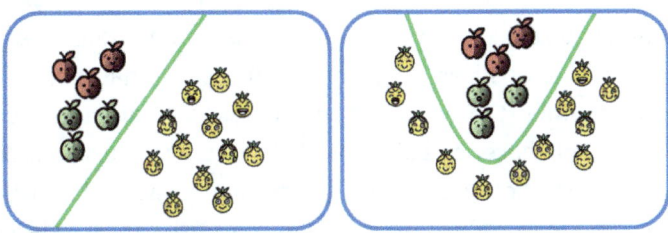

En la **regresión polinomial** extendemos la regresión lineal al incluir características elevadas a una potencia, permitiendo ajustes curvos.

Ejemplo

La regresión polinomial nos permite predecir el precio de una fruta cuando la relación entre el tamaño y el precio no es lineal. Las frutas muy pequeñas y grandes pueden ser más caras que las de tamaño medio. En lugar de ajustar una línea recta, ajustamos una curva al conjunto de datos, como un polinomio de segundo grado. Así, si tenemos una fruta de un tamaño específico, podemos usar esta ecuación para predecir su precio. La regresión polinomial nos permite modelar relaciones más complejas y no lineales entre las características y la variable objetivo.

Para la **regresión Ridge** imaginemos que estamos tratando de predecir el precio de una casa basándonos en características como su tamaño, ubicación, número de habitaciones, etc. Sin embargo, algunas de estas características pueden ser muy similares o correlacionadas entre sí, lo que puede causar problemas en la regresión lineal. Aquí es donde entra la regresión Ridge. Este método agrega una penalización a los coeficientes grandes para evitar el sobreajuste, lo que significa que intenta mantener los coeficientes lo más pequeños posible, lo que a su vez reduce la complejidad del modelo. El coeficiente es simplemente un número que nos dice cuánto afecta una característica específica (como el tamaño o el número de habitaciones) al precio de la casa. En la **regresión Lasso** y siguiendo con el ejemplo de las casas, supongamos que tenemos muchas características y sospechas que solo unas pocas son realmente importantes. La regresión Lasso es útil en este caso porque puede hacer que algunos coeficientes sean exactamente cero. Esto significa que efectivamente elimina las características que no son importantes, lo que puede ser útil para la selección de características y para crear un modelo más simple e interpretable. Por su parte, en la **regresión ElasticNet** combinamos lo mejor de Ridge y Lasso. Al igual que Lasso, puede hacer que algunos coeficientes sean exactamente cero, eliminando así las características no importantes. Pero también comparte la propiedad de Ridge de agregar una penalización a los coeficientes grandes, lo que es útil cuando hay varias características correlacionadas. En lo que tiene que ver con la **regresión de Soporte Vectorial (SVR)** supongamos que estamos tratando de predecir el precio de una casa, pero los datos son muy dispersos y no se ajustan bien a una línea recta o a una curva. SVR puede ser útil en este caso porque intenta encontrar la línea (o hiperplano en dimensiones superiores) que mejor se ajusta a los datos, pero que también mantiene un margen tan grande como sea posible entre la línea y los puntos más cercanos. Esto puede resultar en un modelo más robusto que puede manejar mejor los datos dispersos.

Deep learning o aprendizaje profundo
Es un tipo de aprendizaje automático, que a su vez es una parte de la inteligencia artificial, y esta es parte de la informática. La "profundidad" en *deep learning* se refiere a lo complejo que es un modelo matemático. Gracias a los computadores modernos, los investigadores pueden hacer estos modelos más complejos y obtener mejores resultados que antes.

La ciencia se divide en áreas cada vez más específicas, como si se hiciera un acercamiento a través de fórmulas matemáticas para profundizar el conocimiento de un tema. Esto nos ayuda a enfocarnos en un tema concreto, aprender sobre el conocimiento acumulado a lo largo de los años y crear nuevo conocimiento, corregir errores del pasado y hacerlo más preciso.

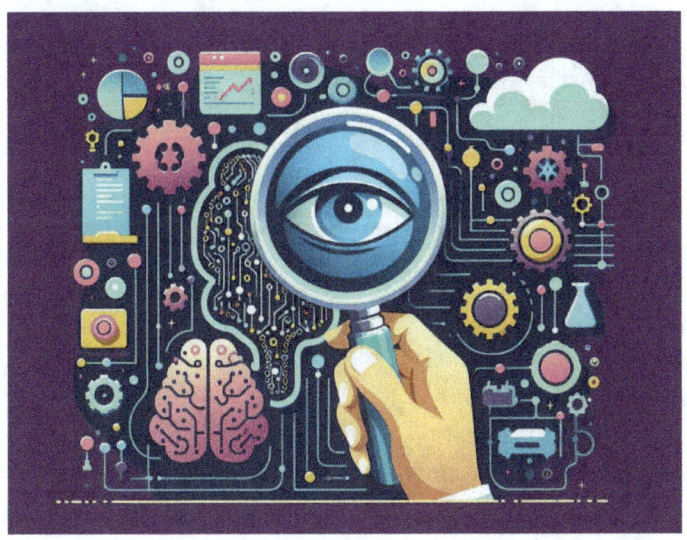

Procesamiento de lenguaje natural (PLN)

Este fascinante mundo es donde las computadoras interpretan, generan y aprenden el lenguaje humano. Este campo incluye varias subáreas, como el reconocimiento de texto, los chatbots y la traducción.

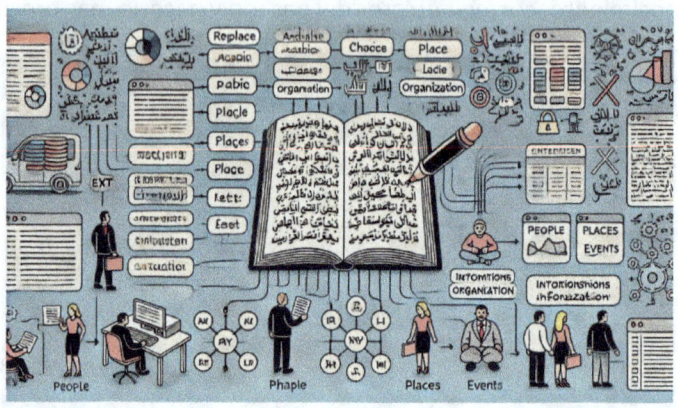

Reconocimiento de texto

El reconocimiento de texto, también conocido como extracción de información, implica convertir el texto en datos estructurados para su análisis. Esto puede implicar tareas como la identificación de entidades nombradas (como personas, lugares y organizaciones), la clasificación de documentos y la extracción de relaciones y eventos. Por ejemplo, un sistema de reconocimiento de texto puede analizar un artículo de noticias y extraer los hechos clave, como quién hizo qué, cuándo y dónde.

Chatbots

Los chatbots, **nos acordamos de nuestra historia de amor**, son programas de computadora diseñados para simular conversaciones humanas. Utilizan el PLN para entender las preguntas o declaraciones del usuario y para generar respuestas apropiadas. Los chatbots se utilizan en una variedad de aplicaciones, desde asistentes virtuales personales hasta soporte al cliente. Por ejemplo, un chatbot de servicio al cliente puede entender una queja del cliente sobre un producto y proporcionar información relevante o sugerir soluciones.

Traducción

La traducción automática es otra aplicación importante del PLN. Los sistemas de traducción automática, como Google Translate, utilizan técnicas de PLN para traducir texto de un idioma a otro. Estos sistemas pueden utilizar enfoques basados en reglas, estadísticos o de aprendizaje profundo para entender el texto en el idioma de origen y generar una traducción en el idioma de destino.

Visión por computadora

Nos adentramos en la visión por computadora, donde las máquinas interpretan el mundo visual. Desde el reconocimiento de imágenes hasta la identificación facial, veremos cómo la inteligencia artificial transforma la interacción con el entorno visual. En medicina, ayuda a los radiólogos a detectar enfermedades con mayor precisión. En seguridad, los sistemas de vigilancia identifican amenazas en tiempo real. En el comercio minorista, mejora la experiencia del cliente al analizar patrones de comportamiento y personalizar ofertas. Estos avances están revolucionando industrias y mejorando nuestra vida diaria.

Reconocimiento de imágenes

El reconocimiento de imágenes es una aplicación clave de la visión por computadora, permitiendo a las máquinas analizar y clasificar imágenes con gran precisión. Usando algoritmos de aprendizaje profundo y redes neuronales, las computadoras pueden identificar y categorizar millones de imágenes rápidamente. Esta tecnología se usa en campos como la medicina, para detectar anomalías en radiografías, y en el entretenimiento, para mejorar la búsqueda de contenido visual. A medida que esta tecnología avanza, vemos más eficiencia y exactitud en tareas que antes requerían intervención humana, aumentando la automatización y optimización de procesos.

Reconocimiento facial

El reconocimiento facial ha avanzado rápidamente, convirtiéndose en una herramienta clave para la seguridad y la personalización. Los sistemas de reconocimiento facial comparan imágenes en tiempo real con bases de datos de rostros usando puntos clave faciales. En seguridad, se usan en aeropuertos y espacios públicos para prevenir amenazas. En el ámbito comercial, permiten el acceso a dispositivos y servicios mediante la autenticación biométrica. También se utilizan en redes sociales y aplicaciones móviles para etiquetar fotos y ofrecer experiencias personalizadas. A pesar de los debates sobre privacidad y ética, esta tecnología sigue mejorando y siendo adoptada ampliamente, ofreciendo beneficios y desafíos.

Detección de objetos

La detección de objetos en visión por computadora permite a las máquinas localizar y clasificar múltiples objetos en imágenes o videos. Usando redes neuronales y algoritmos de aprendizaje profundo, estos sistemas pueden identificar y seguir objetos en tiempo real.

En la conducción autónoma, la detección de objetos es crucial para reconocer peatones, vehículos y señales de tráfico, garantizando una navegación segura. En la industria manufacturera, se usa para inspeccionar productos y detectar defectos, mejorando la calidad y eficiencia. En vigilancia y seguridad, ayuda a identificar comportamientos sospechosos y prevenir incidentes.

Con el avance de esta tecnología, las máquinas mejoran continuamente en la comprensión y reacción a su entorno visual.

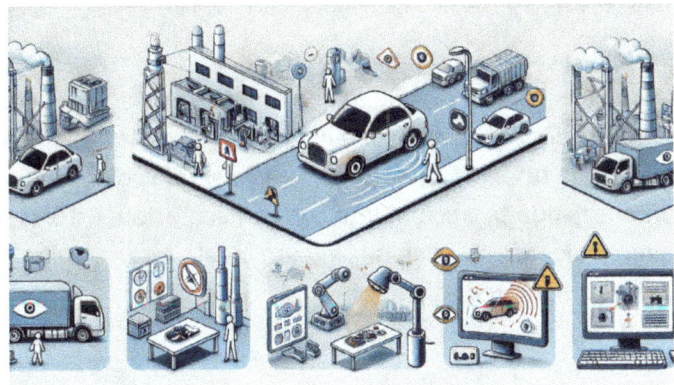

Análisis de Video

El análisis de video es una aplicación avanzada de la visión por computadora que interpreta y extrae información útil de videos en tiempo real. Usando algoritmos de procesamiento de imágenes y aprendizaje profundo, los sistemas pueden detectar y seguir movimientos, identificar eventos y reconocer patrones de comportamiento.

Esta tecnología es crucial en vigilancia y seguridad, monitoreando áreas para detectar actividades sospechosas y alertar a las autoridades. En el deporte, ayuda a mejorar el rendimiento de los atletas mediante el estudio detallado de sus movimientos. En el entretenimiento, mejora la experiencia del usuario con efectos especiales y realidad aumentada.

A medida que se perfecciona, el análisis de video sigue ofreciendo nuevas oportunidades para mejorar la seguridad, la eficiencia y el entretenimiento.

Realidad Aumentada (AR) y Realidad Virtual (VR)

La visión por computadora es clave para la realidad aumentada (AR) y la realidad virtual (VR), tecnologías que transforman nuestra interacción con el mundo digital. En AR, se usa para superponer información digital sobre el entorno real, ayudando en la visualización de datos, la navegación asistida y la experiencia de compra.

Ejemplo AR:

Imagina que estás en una tienda de muebles y usas tu teléfono para ver cómo se vería un nuevo sofá en tu sala. Apuntas la cámara hacia tu sala y, en la pantalla, ves el sofá colocado en su lugar, encajando perfectamente con tu decoración. Esto es AR: agregar objetos digitales al mundo real para ayudarte a visualizar cómo quedarían.

En VR, permite crear entornos inmersivos donde los usuarios pueden interactuar con objetos y escenarios generados por computadora de forma natural.

Ejemplo VR:

Imagina que te pones un casco de realidad virtual y de repente te encuentras en una isla tropical. Puedes caminar por la playa, recoger conchas y nadar en el mar, todo sin salir de tu casa. Esto es VR: un entorno completamente generado por computadora donde puedes moverte e interactuar como si estuvieras realmente allí.

Con el avance de la visión por computadora, AR y VR seguirán mejorando y ofreciendo nuevas formas de interacción y experiencias digitales enriquecidas.

Robótica

Exploramos el emocionante mundo de la robótica, donde la tecnología avanza hacia la autonomía. Desde los vehículos que conducen solos y cambian el transporte, hasta los robots en fábricas que revolucionan la producción, y los robots de servicio que mejoran la asistencia en muchos sectores. Veremos cómo estas máquinas están moldeando el futuro de cómo trabajamos e interactuamos.

Vehículos autónomos

Los vehículos autónomos son una revolución en el transporte, ofreciendo mayor seguridad y eficiencia. Equipados con sensores avanzados y algoritmos de inteligencia artificial, pueden navegar sin intervención humana. Estos vehículos pueden reducir accidentes, mejorar el tráfico y disminuir emisiones. Con fuertes inversiones de empresas y gobiernos, los vehículos autónomos están cerca de ser una realidad cotidiana.

Robots industriales

Los robots industriales han revolucionado la fabricación, ofreciendo precisión y eficiencia sin precedentes. Capaces de realizar tareas repetitivas y peligrosas con exactitud, aumentan la productividad y reducen costos. En sectores como automoción y electrónica, ensamblan, sueldan, pintan y manipulan materiales más rápido y con mayor fiabilidad que los humanos. Con el avance de la robótica, se espera que estos sistemas se vuelvan más inteligentes y flexibles, adaptándose a más tareas y entornos.

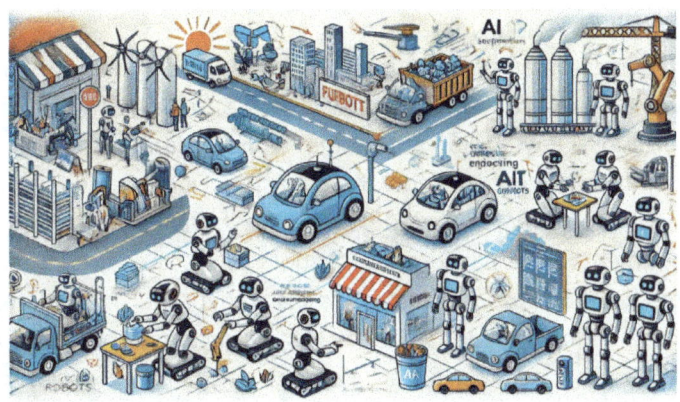

Robots de servicio

Los robots de servicio están transformando sectores como la salud y la hotelería, mejorando la calidad de vida. En hospitales, ayudan con la administración de medicamentos, la asistencia quirúrgica y el cuidado de pacientes. En hoteles, atienden a los huéspedes, realizan tareas de limpieza y ofrecen información. En el hogar, robots como aspiradoras y asistentes personales son cada vez más comunes. Con su capacidad de aprender y adaptarse, estos robots están preparados para asumir roles más importantes en nuestra vida diaria.

Robótica en la Medicina

La robótica está transformando la medicina con precisión y eficiencia en procedimientos antes impensables. Los robots quirúrgicos, con brazos articulados y cámaras de alta definición, permiten operaciones complejas con precisión milimétrica. También ayudan en tareas repetitivas y físicamente exigentes como rehabilitación y transporte de suministros médicos en hospitales. Con inteligencia artificial y aprendizaje automático avanzados, los robots médicos pueden diagnosticar enfermedades y recomendar tratamientos, mejorando la atención y reduciendo errores humanos.

Robótica en la Agricultura

La robótica está revolucionando la agricultura, aumentando la eficiencia y la productividad. Los robots agrícolas, con sensores avanzados y navegación autónoma, realizan siembras, cosechas y monitoreo de cultivos con alta precisión. Operan las 24 horas, reduciendo la necesidad de mano de obra y mejorando el rendimiento. Además, drones y robots terrestres proporcionan datos detallados sobre la salud de los cultivos, permitiendo una gestión eficiente de recursos y aplicaciones precisas de fertilizantes y pesticidas. Esto no solo mejora la eficiencia, sino que también promueve la sostenibilidad al reducir el impacto ambiental.

Sistemas Expertos

Vamos a hablar sobre los sistemas expertos, que son una parte importante de la inteligencia artificial. Estos sistemas usan reglas y conocimiento para resolver problemas difíciles. Desde diagnósticos médicos hasta aplicaciones en ingeniería y negocios, imitan cómo los expertos humanos toman decisiones.

Sistemas basados en reglas

Los sistemas basados en reglas son esenciales en sistemas expertos, usando reglas predefinidas para tomar decisiones o resolver problemas. Aplican reglas lógicas a datos para inferir conclusiones o recomendaciones. Son útiles en áreas como control industrial, gestión de inventarios y servicios financieros, donde las decisiones se definen claramente por reglas específicas. Por ejemplo, en finanzas, evalúan la elegibilidad de préstamos según criterios predefinidos. Aunque su creación y mantenimiento requieren expertica, estos sistemas operan eficientemente, automatizando tareas y reduciendo la intervención humana. Ejemplo: Un cajero automático.

Sistemas de diagnóstico

Los sistemas de diagnóstico son esenciales en los sistemas expertos, imitando la capacidad de expertos humanos para resolver problemas. En medicina, analizan síntomas y datos médicos para sugerir diagnósticos y tratamientos, mejorando la precisión y velocidad del diagnóstico. En ingeniería, detectan y resuelven fallos en equipos, minimizando el tiempo de inactividad y optimizando el mantenimiento. En automoción, diagnostican problemas en vehículos, guiando reparaciones con detalle. Estos sistemas usan conocimiento extenso y algoritmos avanzados para analizar datos y ofrecer soluciones precisas, aumentando la eficiencia en diferentes áreas.

Ejemplo cotidiano:

Un joven utiliza una aplicación de salud para entender sus síntomas. La app sugiere gripe o faringitis basándose en sus datos como fiebre y dolor de garganta. Esto le ayuda a decidir entre descansar o consultar a un médico si los síntomas persisten.

Sistemas Basados en Casos

Los sistemas basados en casos son sistemas expertos que resuelven nuevos problemas adaptando soluciones de problemas similares previamente resueltos. Almacenan una base de datos de casos pasados con sus soluciones. Cuando surge un nuevo problema, el sistema busca el caso más parecido y ajusta esa solución según sea necesario. Este enfoque es útil en medicina, usando historiales de pacientes para diagnosticar, y en asistencia técnica, aplicando soluciones previas a nuevos incidentes. Estos sistemas son efectivos al acumular experiencia y mejorar con cada nuevo caso y refinamiento de la base de datos.

Sistemas de Planificación

Los sistemas de planificación son sistemas expertos avanzados que se centran en generar planes o estrategias para alcanzar objetivos específicos. Se aplican en campos como la gestión de proyectos, la logística, la robótica y la defensa. En gestión de proyectos, por ejemplo, analizan recursos, tiempo y objetivos para crear planes detallados. En robótica, permiten planificar y ejecutar tareas complejas como ensamblaje o exploración. Utilizan algoritmos avanzados para considerar variables y restricciones, generando soluciones óptimas y adaptándose a cambios en tiempo real.

Sistemas de Configuración

Los sistemas de planificación generan planes para alcanzar objetivos en áreas como gestión de proyectos, logística, robótica y defensa. Por ejemplo, en gestión de proyectos, analizan recursos y tiempos para crear planes detallados. En robótica, ayudan a planificar tareas complejas como ensamblajes o exploraciones. Utilizan algoritmos avanzados para considerar variables y adaptarse a cambios en tiempo real.

Redes Neuronales

La inteligencia artificial sigue avanzando para entender mejor cómo pensamos y actuamos. Para eso, queremos enseñarle cómo funciona nuestro cerebro. Así, la IA puede entender cosas complejas y actuar por sí misma. Aprende de muchos datos y toma decisiones, similar a nosotros. Esto ocurre gracias a redes neuronales, que funcionan como nuestro cerebro. Entonces, le damos un poco de nuestro pensamiento a la IA para que mejore.

Neuronas, cuerpos y señales

En las redes neuronales, ya sean biológicas o artificiales, hay muchas unidades simples llamadas neuronas. Estas reciben y envían señales entre sí. Las neuronas son como pequeñas computadoras con un cuerpo y cables que las conectan.

Mayormente, están quietas, esperando señales que llegan por los cables.

Dendritas, axones y sinapsis

Las dendritas son como cables que llevan la entrada a las neuronas. Cuando una neurona recibe suficientes señales, puede enviar una señal a otras neuronas. Esta señal sale a través de un cable llamado axón. Cada axón puede estar conectado a una o más dendritas en lugares llamados sinapsis.

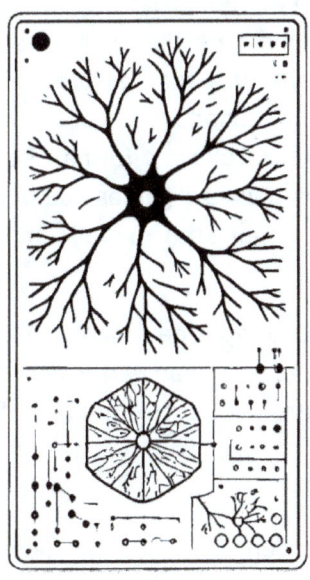 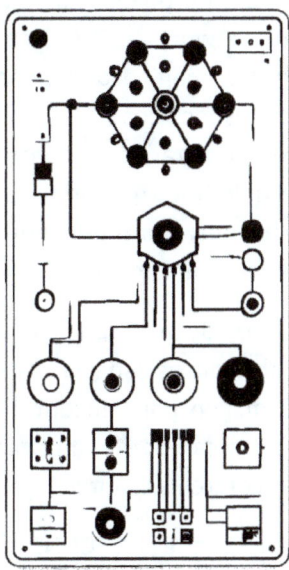

¡Una sola neurona no puede hacer mucho! Pero cuando se conectan entre sí, ¡el cerebro se vuelve muy inteligente! ¿Cómo? Porque la forma en que las neuronas están conectadas determina cómo pensamos y aprendemos. Cada neurona responde a las señales y puede adaptarse. ¡Así es como recordamos y aprendemos cosas nuevas!

¿Por qué desarrollamos redes neuronales artificiales?

Desarrollamos redes neuronales artificiales por varias razones. Principalmente, para entender mejor el cerebro y el sistema nervioso. Al crear modelos que imitan la estructura y función del cerebro, los científicos esperan obtener conocimientos sobre cómo piensan los humanos y los animales, y cómo experimentan la conciencia. Este conocimiento nos ayuda a mejorar la inteligencia artificial y a desarrollar nuevas tecnologías para diversas aplicaciones, desde el reconocimiento de voz hasta la conducción autónoma.

Redes neuronales convolucionales (CNNs)

Las redes neuronales convolucionales (en inglés, *Convolutional Neural Networks* - CNNs) son como detectives expertos para imágenes. Imagina que tienen una lupa que les permite ver detalles específicos en las imágenes. Cuando miran una imagen, pueden detectar cosas como bordes, colores o formas. Pero lo sorprendente es que no necesitan que les digamos qué buscar; **ellas mismas aprenden qué es importante** mirando muchas imágenes diferentes.

¿Cómo lo hacen? Usan algo llamado capas de convolución, que son como filtros especializados que examinan partes pequeñas de la imagen para encontrar patrones. Por ejemplo, un filtro podría buscar bordes horizontales, mientras que otro podría buscar colores brillantes.

A medida que las CNNs aprenden de estos patrones en diferentes partes de la imagen, pueden detectar cosas más complejas, como objetos o formas, sin importar dónde estén en la imagen o cómo estén orientados.

Gracias a esta habilidad para aprender directamente de los datos de entrada, las CNNs son muy buenas para tareas como identificar objetos en imágenes o clasificarlas en categorías diferentes.

Ejemplo

Imagina que tienes un grupo de amigos muy inteligentes. Cada uno de tus amigos es muy bueno para notar algo especial en una imagen (**es una super célula o neurona**). Uno de ellos siempre ve los ojos, otro ve las orejas, y otro ve las narices. Cuando miran una foto de un gato, trabajan juntos.

Primero, uno de tus amigos dice: "¡Veo unos ojos!" y señala dónde están los ojos en la foto. Luego, otro amigo dice: "¡Yo veo unas orejas puntiagudas!" y señala las orejas. Todos tus amigos comparten lo que ven y se ayudan entre ellos para entender la imagen completa.

Al final, todos juntos pueden decir: "¡Esta es una foto de un gato!" porque han juntado todas las partes que reconocieron. Así es como una red neuronal reconoce características en una imagen, trabajando en equipo para ver todas las partes especiales y entender lo que están mirando.

¿Por qué necesitamos CNNs?

Las CNN también tienen capas especializadas llamadas capas convolucionales que pueden aprender y adaptarse a diferentes tareas de procesamiento de imágenes. Una vez entrenadas, estas capas pueden ser reutilizadas en otras tareas, **lo que ahorra tiempo y recursos de computación**.

En resumen, las CNN son como superhéroes del mundo de las imágenes, que pueden aprender rápidamente y adaptarse a nuevas situaciones, haciendo que el procesamiento de imágenes sea más rápido y eficiente.

¿Qué es un LLM?
Un Modelo de Lenguaje de Gran Escala (LLM) es una inteligencia artificial que ha leído muchísimos textos (como libros y artículos) para aprender a entender y generar lenguaje humano.

¿Cómo funciona un LLM?

Aprender: El modelo lee muchos textos para entender cómo se usan las palabras y las frases.
Predecir: Cuando le das una frase o una pregunta, el modelo usa lo que ha aprendido para adivinar la mejor respuesta.
Responder: El modelo genera una respuesta que tiene sentido en el contexto de la conversación.

Ejemplo: Si le dices "Hoy quiero comer...", el modelo podría responder "pizza" o "ensalada" basándose en lo que ha aprendido de otros textos.

Aplicaciones:
- Asistentes virtuales.
- Traductores automáticos.
- Creación de textos automáticos.

En resumen, un LLM es como un lector muy inteligente que puede hablar contigo y ayudarte a completar frases o responder preguntas basándose en todo lo que ha leído, por ejemplo, Chat GPT.

Las matemáticas detrás de la IA, sin matemáticas
Los algoritmos de búsqueda son herramientas fundamentales en el ámbito de la IA para resolver tareas que requieren inteligencia. Pero el concepto de enfocarse en la definición de las opciones y sus consecuencias es fundamental para

comprender el funcionamiento de la inteligencia artificial (IA). Se trata de cómo un sistema procesa información para tomar decisiones o resolver problemas, sin necesidad de centrarse en algoritmos específicos. Al concentrarse en estos pasos básicos del proceso de resolución de problemas, se puede entender mejor cómo funcionan los sistemas de IA, incluso sin tener conocimientos matemáticos más profundos. Se pueden ver como herramientas que procesan información para tomar decisiones, similar a cómo lo hacemos los seres humanos.

Búsqueda y resolución de problemas con IA
Formular alternativas y sus consecuencias es fundamental al abordar muchos problemas, que pueden ser concebidos como problemas de búsqueda. Imagina que estás frente a un estante en un supermercado y quieres encontrar un ingrediente específico para tu cena. Sabes que el producto está en el supermercado, pero no estás seguro en qué pasillo se encuentra. Entonces comienzas a recorrer los diferentes pasillos y a leer las etiquetas para encontrar el ingrediente buscado. Este escenario cotidiano es un ejemplo de un problema de búsqueda y planificación en el contexto de la vida diaria.

De manera similar, los robots en fábricas o almacenes también deben encontrar rutas eficientes para localizar y agarrar objetos específicos. El desafío consiste en encontrar la mejor manera de alcanzar el objetivo, teniendo en cuenta factores como la distancia, los obstáculos y la eficiencia. Se pueden aplicar diferentes técnicas de búsqueda para resolver este problema, y la optimización de estas técnicas es un área importante de investigación en robótica e inteligencia artificial.

Con esta comprensión básica de cómo la IA aborda la búsqueda y la resolución de problemas, estamos listos para explorar más a fondo cómo estas técnicas se aplican en diversos contextos y cómo continúan evolucionando para mejorar la eficiencia y precisión en múltiples campos.

Imaginemos una competencia en la que dos personas compiten por encontrar un ingrediente específico en un supermercado. Ambos están buscando el mismo artículo y el primero en encontrarlo será el ganador, mientras que el perdedor tendrá que pagar la cena esa noche. **Aquí es donde entra en juego el algoritmo Minimax.**

El algoritmo **Minimax** es un procedimiento de toma de decisiones en inteligencia artificial que se aplica en juegos. Evalúa todas las posibles jugadas basadas en las ganancias y pérdidas esperadas, y elige la jugada que resulte en la ganancia máxima o la pérdida mínima, dependiendo de si el algoritmo representa al jugador o al oponente.

Ambos competidores se paran frente al estante del supermercado, ansiosos por comenzar la búsqueda. El reloj comienza a correr y cada uno se apresura a explorar los diferentes pasillos en busca del ingrediente deseado. Se mueven rápidamente, leyendo las etiquetas y revisando los estantes en busca del artículo deseado.

Mientras tanto, el algoritmo **Minimax** puede ser aplicado para determinar la estrategia óptima para cada competidor. Cada jugador podría considerar sus propias acciones como maximizadoras, intentando encontrar el ingrediente lo más rápido posible, mientras que considera las acciones del oponente como minimizadoras, tratando de evitar que el oponente encuentre el artículo antes que ellos.

A medida que avanzan en la búsqueda, los competidores toman decisiones tácticas, evaluando constantemente las posibilidades y considerando cómo sus movimientos pueden afectar el resultado final. Al final, el competidor que logre encontrar el ingrediente primero será declarado ganador, mientras que el otro será el perdedor de la competencia.

Primero, nos enfocamos en definir las opciones y sus consecuencias, así como en establecer el objetivo. Luego, buscamos una secuencia de acciones para alcanzar dicho objetivo. En este proceso, abordamos dos tipos de problemas: búsqueda y planificación con un "agente" (un actor que toma decisiones y realiza acciones para alcanzar un objetivo específico), así como problemas con dos participantes.

Con este ejemplo, podemos ver cómo la inteligencia artificial utiliza algoritmos como el **Minimax** para tomar decisiones estratégicas en situaciones de competencia. Este tipo de enfoque se aplica no solo en juegos, sino también en diversos campos donde la toma de decisiones y la optimización de resultados son cruciales.

Ejemplo

Un granjero se encuentra frente a un río y necesita cruzar al otro lado con un lobo, una oveja y un repollo. El granjero tiene un bote, pero solo puede llevar un objeto a la vez. Sin embargo, no puede dejar al lobo solo con la oveja, ya que el lobo se comería a la oveja. Del mismo modo, no puede dejar a la oveja sola con el repollo, ya que la oveja se comería el repollo. ¿Cómo puede el granjero llevar todos los objetos al otro lado del río de manera segura?

Para resolver este problema, es importante explicar **tres conceptos clave** del enfoque de la inteligencia artificial: espacio de estados, transiciones y costos:

1. **Espacio de estados:** El espacio de estados abarca todas las posibles situaciones. En el problema del granjero con el río, el espacio de estados consiste en diversas configuraciones de las posiciones del granjero, el lobo, la oveja y el repollo en ambos lados del río.

2. **Transiciones:** Las transiciones son los posibles movimientos entre un estado y otro. En este caso, las transiciones son las acciones del granjero al llevar cada objeto sobre el río en una única travesía.

3. **Costos:** Los costos se refieren al hecho de que algunas transiciones son más costosas que otras debido a las restricciones. En este caso, los costos podrían ser el resultado de que el granjero no puede dejar ciertos objetos solos en un lado del río para evitar que sean comidos.

Solución del problema:

Para llevar a todos los objetos al otro lado del río de manera segura, el granjero puede seguir estos pasos:

1. **Primera travesía:** Llevar a la oveja al otro lado del río.

2. **Regresar:** Volver solo al lado inicial.

3. **Segunda travesía:** Llevar al lobo al otro lado del río.

4. **Regresar:** Volver con la oveja al lado inicial.

5. **Tercera travesía:** Llevar el repollo al otro lado del río.

6. **Regresar:** Volver solo al lado inicial.

7. **Cuarta travesía:** Llevar la oveja al otro lado del río.

Así, el granjero ha llevado exitosamente al lobo, la oveja y el repollo al otro lado del río sin que el lobo se coma a la oveja ni que la oveja se coma el repollo. Este ejemplo ilustra cómo la inteligencia artificial puede abordar problemas de planificación

y búsqueda al definir claramente el espacio de estados, las transiciones y los costos, permitiendo así encontrar una solución óptima de manera sistemática y efectiva.

En nuestro ejemplo, tenemos cuatro actores con dos posiciones posibles para cada uno, lo que resulta en dieciséis combinaciones, a las cuales llamaremos estados. Algunos de estos estados están prohibidos por las condiciones del acertijo. Por ejemplo, el lobo no puede quedar solo con la oveja, ya que se la comería. De manera similar, la oveja no puede quedar sola con el repollo, ya que se comería el repollo. Por lo tanto, podemos descartar los estados donde estas situaciones podrían ocurrir, y nos quedamos con los diez estados válidos.

A continuación, determinaremos qué transiciones entre estados son posibles. Esto simplemente significa que mientras el granjero rema el bote con uno de los objetos como carga a través del río, en qué estado nos encontraremos después.

Entonces, estamos hablando de un árbol de decisiones. En nuestro ejemplo, hemos tratado con un árbol de decisiones pequeño. Sin embargo, si se requiere un árbol de decisiones más complejo, hoy en día es matemáticamente posible, pero la tecnología aún tiene sus limitaciones. La lista exhaustiva de todas las posibles opciones puede ser enormemente grande, y nuestra IA seguirá buscando la mejor solución posible (Espacio de estados, Transiciones, Costos). Aunque es matemáticamente posible manejar todo el árbol de decisiones, desde la perspectiva de la tecnología informática actual, aún no es factible.

La solución es entonces considerar solo una parte del árbol de decisiones. Para lograrlo, debemos evitar que el algoritmo Minimax continúe buscando mejores opciones indefinidamente. Para limitar la exploración del árbol, utilizamos una función de evaluación heurística (una evaluación intuitiva) que nos permite detener el algoritmo Minimax antes de llegar a un nodo terminal.

En nuestro juego del granjero, donde debe llevar al lobo, la oveja y el repollo al otro lado del río de manera segura, el árbol de decisiones para todos los movimientos posibles sería enormemente grande. Sin embargo, el algoritmo Minimax simplifica esto al mirar solo hasta cierto punto en el futuro y utiliza esta función de evaluación heurística para estimar cuál sería el mejor movimiento, sin tener que explorar todas las opciones posibles. De esta manera, el granjero puede tomar una buena decisión sin necesidad de examinar todo el árbol de decisiones.

Así es como la IA toma decisiones y busca soluciones para tí de manera rápida y eficaz. Si has entendido esto, acabas de mirar dentro del alma de la IA y entenderla.

¡Bienvenido al club!

Capítulo 2:
La IA en la vida diaria

Capítulo 2: La IA en la vida diaria

En este capítulo, exploraremos ejemplos concretos que ilustran cómo la inteligencia artificial está remodelando nuestra vida diaria en diversos campos.

En el ámbito médico, la IA está llevando a cabo una revolución al mejorar el diagnóstico y la medicina personalizada. Los algoritmos de aprendizaje automático pueden analizar enormes conjuntos de datos médicos, identificando patrones que mejoran la precisión en el cuidado de la salud. En el sector financiero, la inteligencia artificial se emplea para detectar fraudes y evaluar riesgos crediticios, optimizando la seguridad y eficiencia de las transacciones financieras. En la industria automotriz, la IA impulsa la innovación con vehículos autónomos y sistemas de mantenimiento predictivo, lo que no solo mejora la seguridad en el transporte, sino también su eficiencia. En el ámbito del entretenimiento, encontramos sistemas de recomendación y asistentes virtuales que personalizan la experiencia del usuario en plataformas de streaming y juegos, adaptándola a sus preferencias individuales. En nuestra vida cotidiana, la IA está presente en los hogares inteligentes y en la publicidad personalizada, facilitando tareas domésticas y ofreciendo experiencias más adaptadas y cómodas.

En resumen, la inteligencia artificial está transformando cada aspecto de nuestro mundo, desde la medicina hasta el entretenimiento, abriendo nuevas oportunidades y desafíos a medida que avanzamos hacia un futuro digitalizado y automatizado.

Salud: ¿Cómo la IA está cambiando la medicina?

La inteligencia artificial está transformando la medicina de manera notable. Ayuda en los diagnósticos y personaliza tratamientos, mejorando la precisión y eficiencia del cuidado de la salud. Al analizar grandes cantidades de datos médicos, identifica patrones para diagnósticos más precisos y crea tratamientos adaptados a cada paciente, marcando un avance significativo en la atención

médica.

Apoyo en el diagnóstico

Los sistemas de IA pueden analizar datos médicos como imágenes y resultados de pruebas para detectar patrones y anomalías que el ojo humano podría pasar por alto. Por ejemplo, algoritmos de aprendizaje profundo pueden revisar radiografías y resonancias magnéticas para identificar signos tempranos de enfermedades graves con precisión similar o superior a la de los radiólogos. Este análisis avanzado acelera el diagnóstico y reduce errores, mejorando así el cuidado médico para los pacientes.

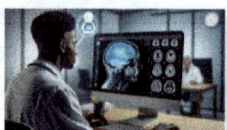 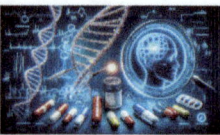 

Medicina personalizada

La IA está revolucionando el desarrollo de tratamientos personalizados. Utilizando datos genómicos y biomarcadores, los sistemas de IA predicen cómo responderá cada paciente a tratamientos específicos, mejorando las estrategias terapéuticas. Por ejemplo, en cáncer, la IA analiza el perfil genético del tumor para seleccionar terapias más efectivas y reducir efectos secundarios. Además, ayuda a diseñar planes de tratamiento adaptados a las preferencias y condiciones únicas de cada paciente, desde la dosificación de medicamentos hasta recomendaciones de estilo de vida, ofreciendo un enfoque más centrado en el individuo. Este avance promete transformar la atención médica hacia una práctica más precisa y efectiva.

Monitoreo de Salud en Tiempo Real
Con dispositivos portátiles y sensores avanzados, la IA analiza continuamente datos fisiológicos para ofrecer información en tiempo real a profesionales de la salud y pacientes. Estos dispositivos como relojes inteligentes y parches biométricos monitorizan la frecuencia cardíaca, presión arterial, glucosa y otros parámetros vitales. La IA detecta anomalías tempranas y predice problemas de salud antes de que sean emergencias. Por ejemplo, puede alertar sobre un posible ataque cardíaco inminente, permitiendo una rápida intervención médica. Este enfoque proactivo mejora la calidad de vida, reduce hospitalizaciones y costos, haciendo la atención médica más eficiente y personalizada.

Finanzas: ¿Como la IA nos ayuda con nuestras finanzas?
La inteligencia artificial está transformando el sector financiero de varias maneras clave. Detecta fraudes y gestiona inversiones de manera más precisa y eficiente. Analiza grandes volúmenes de datos financieros para detectar fraudes en tiempo real, protegiendo instituciones y consumidores. Además, los algoritmos de aprendizaje automático optimizan inversiones al analizar tendencias del mercado y personalizar estrategias de inversión para maximizar rendimientos. La IA también mejora el servicio al cliente con chatbots que ofrecen respuestas rápidas y personalizadas. Estos avances están haciendo que las finanzas sean más seguras, eficientes y accesibles.

Detección de fraudes
Con algoritmos de aprendizaje automático y análisis de grandes volúmenes de datos, la IA puede identificar patrones sospechosos y anomalías en tiempo real. Por ejemplo, puede detectar comportamientos extraños en el uso de tarjetas de

crédito o en transacciones bancarias, generando alertas para investigar posibles fraudes. Este análisis continuo y adaptativo reduce pérdidas financieras y mejora la seguridad tanto para instituciones como para clientes, marcando un avance en la lucha contra el fraude financiero.

Evaluación de riesgos crediticios
Los algoritmos de aprendizaje automático pueden identificar patrones y correlaciones complejas que los métodos tradicionales podrían ignorar. Esto mejora la capacidad de las instituciones financieras para evaluar el riesgo crediticio de manera más detallada y precisa. Además, facilita el acceso al crédito para personas que podrían haber sido excluidas bajo modelos de evaluación tradicionales.

Gestión de inversiones automatizadas (robo-advisors)
Los robo-advisors ajustan las estrategias de inversión en tiempo real según las condiciones del mercado, asegurando que las carteras de los clientes coincidan con sus objetivos financieros y tolerancia al riesgo. Este enfoque democratiza el acceso a servicios de inversión avanzados y reduce los costos asociados con la gestión de inversiones, haciendo que los servicios financieros sean más accesibles y eficientes para todos los inversores.

Chatbots
Estos asistentes virtuales pueden manejar consultas variadas, desde preguntas básicas sobre productos hasta transacciones simples como transferencias de dinero y pagos de facturas. Los chatbots utilizan procesamiento de lenguaje natural (NLP) para entender y responder eficazmente a las preguntas de los clientes, ofreciendo una experiencia fluida y eficiente. Operan

las 24 horas del día, los 7 días de la semana, mejorando la accesibilidad y la satisfacción del cliente. Al liberar a los agentes humanos de tareas rutinarias, permiten que los equipos de servicio al cliente se enfoquen en problemas más complejos, mejorando la eficiencia operativa de las instituciones financieras.

Industria automotriz: ¿Cómo los autos inteligentes están cambiando nuestras vidas?

La industria automotriz está cambiando radicalmente con tecnologías inteligentes. Avances en inteligencia artificial, sensores y conectividad están redefiniendo el manejo, haciendo los vehículos más seguros, eficientes y cómodos. Desde vehículos autónomos hasta mantenimiento predictivo que previene fallos, la innovación tecnológica transforma cómo interactuamos con autos y carreteras.

Vehículos autónomos

Equipados con sistemas avanzados de inteligencia artificial, sensores precisos y algoritmos de aprendizaje automático, los vehículos autónomos pueden circular de forma autónoma por las carreteras, sin intervención humana. Prometen mejorar la seguridad vial al reducir errores humanos, una de las principales causas de accidentes. Además, pueden optimizar el flujo de tráfico, reducir la congestión y las emisiones de carbono al gestionar eficientemente el uso de combustible. Con inversiones globales en esta tecnología, los vehículos autónomos están en camino de transformar el transporte urbano y rural.

Mantenimiento predictivo

Usando sensores avanzados y análisis en tiempo real, el mantenimiento predictivo puede monitorear componentes del vehículo y prever fallos potenciales. Esto permite realizar mantenimiento preventivo, evitando reparaciones costosas y reduciendo el tiempo de inactividad. Por ejemplo, sensores en el motor pueden detectar anomalías pequeñas que indican desgaste anormal, alertando al conductor para realizar servicio antes de que ocurra una avería grave. Este enfoque proactivo mejora la fiabilidad y seguridad, optimiza costos de mantenimiento y prolonga la vida útil de los automóviles.

Entretenimiento y juegos: ¿Cómo la IA ayuda a entretenernos?
La inteligencia artificial está revolucionando el entretenimiento y los juegos con experiencias personalizadas y envolventes. Desde recomendaciones de contenido adaptado hasta asistentes virtuales interactivos, la IA cambia cómo disfrutamos nuestro tiempo libre y mejora cómo accedemos y descubrimos nuevos contenidos.

Sistemas de recomendación
Estos sistemas utilizan algoritmos de aprendizaje automático para analizar nuestros hábitos de consumo de contenido y sugerir material que probablemente nos interese. Por ejemplo, plataformas como Netflix y Spotify emplean sistemas de recomendación para ofrecer películas, series y música que se ajusten a nuestros gustos. Consideran factores como nuestras interacciones pasadas, calificaciones y tendencias populares para personalizar nuestra experiencia. Al proporcionar

recomendaciones precisas, estos sistemas no solo mejoran nuestra satisfacción, sino que también facilitan el descubrimiento de nuevo contenido relevante.

Asistentes virtuales

Estos asistentes impulsados por inteligencia artificial pueden responder preguntas, realizar tareas y mantener conversaciones naturales, mejorando nuestra experiencia. En el entretenimiento, asistentes como Alexa, Google Assistant y Siri pueden controlar la música, ajustar el volumen, buscar información sobre películas y jugar juegos interactivos. Además, se integran con dispositivos inteligentes del hogar para un control centralizado y conveniente. Con su capacidad de aprender y adaptarse, hacen el entretenimiento más accesible, interactivo y placentero.

Inmobiliarias: ¿Cómo la IA está transformando el sector inmobiliario?

La inteligencia artificial está transformando el sector inmobiliario al facilitar procesos, mejorar decisiones y personalizar la experiencia del cliente. Desde la valoración automática de propiedades hasta la predicción de tendencias y atención al cliente, la IA está cambiando cómo compramos, vendemos y gestionamos bienes raíces. Estas innovaciones no solo aumentan eficiencia y precisión, sino que también ofrecen nuevas formas de interactuar con el mercado, haciendo las transacciones más transparentes y accesibles.

Valoración automática de propiedades

La valoración automática de propiedades es una aplicación clave de la inteligencia artificial en el sector inmobiliario. Usando algoritmos avanzados de aprendizaje automático, estas herramientas pueden analizar grandes cantidades de datos para estimar el valor de una propiedad con precisión. Los modelos de IA consideran características de la propiedad, tendencias del mercado, ventas recientes en la zona y otros datos relevantes para generar valoraciones rápidas y precisas. Esto no solo acelera las transacciones, sino que también ayuda a agentes y clientes a tomar decisiones más informadas. La valoración automática reduce la subjetividad y el error humano, haciendo las transacciones inmobiliarias más transparentes y confiables.

Predicción de tendencias del mercado

La IA también predice tendencias del mercado inmobiliario al analizar datos históricos y actuales para identificar patrones y anticipar cambios. Estos modelos ayudan a inversores y agentes a prepararse para fluctuaciones, mejorando estrategias de inversión y venta. Por ejemplo, pueden prever aumentos o caídas de precios, descubrir barrios emergentes y estimar futura demanda de propiedades específicas. Esta anticipación da ventaja competitiva, permitiendo decisiones más acertadas y oportunas.

Atención al cliente

La IA ha mejorado mucho la atención al cliente en bienes raíces con asistentes virtuales y chatbots disponibles las 24 horas. Responden preguntas, dan detalles sobre propiedades y ayudan con citas y visitas. Los chatbots guían a clientes en compra o alquiler, con recomendaciones basadas en preferencias y búsquedas. Los asistentes manejan consultas complejas y apoyan continuamente, liberando a agentes para tareas más valiosas. Esta mejora eleva satisfacción y eficiencia operativa en agencias.

Vida cotidiana: ¿Cómo la IA nos hace la vida más fácil?

La inteligencia artificial se integra más en nuestra vida diaria, optimizando tareas como gestionar hogares y personalizar publicidad. Mejora la comodidad, eficiencia y ofrece experiencias más personalizadas según nuestras necesidades y preferencias.

Hogares Inteligentes

Con dispositivos conectados y sistemas automatizados, la IA gestiona aspectos del hogar como iluminación, temperatura, seguridad y entretenimiento. Por ejemplo, termostatos inteligentes ajustan la temperatura según hábitos para ahorrar energía y mejorar el confort. Asistentes virtuales como Alexa y Google Home controlan electrodomésticos y proveen información mediante comandos de voz. Sistemas de seguridad inteligentes, con cámaras y sensores, detectan actividades inusuales y alertan a los propietarios, mejorando la seguridad. Esta integración simplifica tareas diarias y crea ambientes más seguros y eficientes.

Publicidad personalizada

Utilizando algoritmos avanzados, las empresas pueden crear campañas publicitarias dirigidas que se adaptan a los intereses y comportamientos de los consumidores. La IA analiza datos de navegación, compras anteriores, interacciones en redes sociales y otros factores para predecir productos o servicios de interés. Esta personalización mejora la eficacia de las campañas y proporciona una experiencia más relevante y agradable. Los consumidores reciben contenido que les interesa, aumentando la probabilidad de conversión y satisfacción. Esta publicidad inteligente beneficia a empresas y consumidores, creando un entorno comercial más dinámico y eficiente.

Transporte inteligente

El transporte inteligente utiliza IA para mejorar la vida cotidiana. Google Maps y Waze analizan el tráfico en tiempo real para sugerir rutas óptimas, reduciendo el tiempo de viaje y el estrés del conductor. Uber emplea IA para asignar conductores eficientemente, mejorando la disponibilidad y la velocidad del servicio. En las ciudades, semáforos inteligentes ajustan los tiempos de luz según el tráfico, reduciendo la congestión y mejorando la seguridad vial. Estos avances hacen los desplazamientos más rápidos y convenientes, promoviendo el uso eficiente de recursos y la reducción de emisiones de carbono.

Capítulo 3:
La IA:
¿Beneficios o peligros?

Capítulo 3: La IA: ¿Beneficios o peligros?

Muchas personas han depositado grandes esperanzas en la IA. Se espera que brinde numerosos beneficios a nuestra sociedad. Con la IA obtenemos una mayor eficiencia en la resolución de grandes problemas como el cambio climático o la pobreza.

Sin embargo, la inteligencia artificial también presenta problemas. Podría poner en peligro nuestra seguridad, manipularnos y ocupar muchos puestos de trabajo. También existe el riesgo de que refuerce prejuicios existentes o la discriminación.

Por tanto, es necesario reflexionar sobre los aspectos éticos, sociales y legales de la inteligencia artificial. ¿Cómo podemos utilizar esta tecnología de manera justa y segura? ¿Qué normas y principios debemos tener en cuenta?

La Ética de la inteligencia artificial.
La ética de la inteligencia artificial es una parte de la ética que se enfoca en cómo las personas deben comportarse al usar la inteligencia artificial. Trata sobre cómo evitar problemas éticos al diseñar, usar o abusar de esta tecnología. Estas **preocupaciones se pueden dividir en tres categorías**:

- **Preocupaciones urgentes** sobre seguridad, privacidad y transparencia en la inteligencia artificial.
- **Preocupaciones a medio plazo** sobre cómo la inteligencia artificial afecta áreas como la medicina o la educación.
- **Preocupaciones a largo plazo** sobre los objetivos éticos fundamentales de la inteligencia artificial en la sociedad.

Los marcos éticos de IA

Los marcos éticos son como reglas acordadas por un grupo, ya sea personas naturales, gobiernos o empresas, sobre lo que está bien y lo que no está bien cuando se trata de inteligencia artificial. Muchas organizaciones han trabajado en crear estas reglas. Aunque pueden tener algunas diferencias, también hay algunas ideas en común. En general, se han centrado en *cinco principios básicos:*

No maleficencia

¿Deberíamos utilizar la inteligencia artificial para el bien y no para causar daño?

El principio de beneficencia dice "haz el bien" y el de no maleficencia "no hagas daño". Beneficencia se enfoca en crear IA que ayude a la sociedad, mientras que no maleficencia se trata de evitar que la IA cause daño. En discusiones éticas sobre IA, se ha centrado principalmente en cómo minimizar los riesgos éticos, como discriminación o daños físicos, que pueden surgir. Sin embargo, a menudo estas discusiones simplifican demasiado los problemas éticos complejos y no los abordan adecuadamente.

Responsabilidad o rendición de cuentas
¿A quién se debe culpar cuando la inteligencia artificial causa daño?
La responsabilidad se refiere a ser responsable de las acciones, decisiones e impactos de un sistema. Puede ser legal o moral. **En la ética de la IA, la responsabilidad tiene tres dimensiones:** determinar quién es responsable de los impactos de la IA, comprender el sistema social que desarrolla y utiliza la IA, y examinar el propio sistema de IA.

Transparencia y explicabilidad
¿Deberíamos entender qué y por qué hace lo que hace la inteligencia artificial?
Transparencia se refiere a cuánto podemos entender sobre cómo funciona algo, como sus algoritmos y decisiones. Está relacionada con conceptos como explicabilidad e interpretabilidad. Dependiendo de la situación, puede variar, y

aún hay preguntas sobre lo que realmente significa y cuánto es suficiente. Puede tratarse de entender cómo funciona un modelo por dentro, o cómo son visibles sus algoritmos.

Justicia y equidad
¿Debería la inteligencia artificial ser justa o no discriminatoria?
Justicia y equidad en la ética de la IA significa que los sistemas de inteligencia artificial deben tratar a las personas de manera justa y sin discriminación. Esto implica asegurarse de que no haya prejuicios injustos en las decisiones de la IA y de que todos reciban beneficios justos. En pocas palabras, la ética de la IA busca que todos sean tratados de manera justa y equitativa por los sistemas de IA.

Respeto por diversos derechos humanos, como la privacidad y la seguridad

¿Debería la inteligencia artificial respetar y promover los derechos humanos?

Los derechos humanos son reglas básicas que protegen a las personas de tratamientos injustos en la sociedad. Cubren cosas como la libertad de expresión, el derecho al trabajo y el derecho a la educación. Estas reglas son universales, lo que significa que se aplican a todos, sin importar dónde vivan o quiénes sean. Cuando se trata de inteligencia artificial, es importante asegurarse de que los sistemas de IA no infrinjan estas reglas o pongan en riesgo a las personas. La Declaración Universal de Derechos Humanos, creada por las Naciones Unidas, establece estas importantes reglas para que todos las sigan. Algunos derechos, como el derecho a la vida, son más importantes que otros, como la privacidad. Recientemente, temas como la privacidad, la seguridad, la igualdad y la inclusión han sido grandes temas en las discusiones sobre IA y derechos humanos.

¿Qué harías tú?: Enfrenta un desafío ético en IA
Piensa en el final de la historia.

En una calurosa noche, después de incontables horas de insomnio y dedicación, haces un descubrimiento revolucionario en el campo de la inteligencia artificial. **Sabemos que tú eres capaz de lograrlo y es posible que vas a vivir esta situación.** Has desarrollado un programa que promete transformar la manera en que muchas industrias operan. Tu corazón late con fuerza mientras contemplas el alcance de tu creación: más eficiencia, menor costo, y una velocidad sin precedentes para los clientes.

Sin embargo, una sensación de inquietud te invade. Aunque tu invención es una maravilla tecnológica, también tiene un lado oscuro: su implementación dejaría a miles de personas sin trabajo de la noche a la mañana. La magnitud de este impacto social te estremece. La responsabilidad que ahora pesa sobre tus hombros te abruma.

La pregunta moral te consume. ¿Deberías revelar tu programa al mundo y enfrentar la posible catástrofe social? ¿O deberías guardar tu conocimiento y considerar la posibilidad de que alguien más, tal vez menos escrupuloso, haga el mismo descubrimiento y lo use sin contemplaciones?

Las horas pasan lentamente, y la paz no llega. Estás atrapado entre la compasión por aquellos que perderán su sustento y la tentación de la riqueza y la fama que tu invención podría traer. Finalmente, en medio de esta tormenta de emociones y dilemas éticos, tomas una decisión que definirá no solo tu futuro, sino también el de innumerables personas.

Posible solución

Revelaría mi programa al mundo y tomaría medidas para mitigar las posibles consecuencias negativas para las personas afectadas. Esto podría incluir apoyo para la reconversión laboral y la promoción de políticas que protejan los derechos laborales en el nuevo contexto tecnológico.

Te invitamos a que definas tu propia solución. Posiblemente llegara el momento en que vas a hacer real tu idea en el campo de inteligencia artificial (en nuestro próximo libro, te explicaremos como hacerlo, paso por paso). Es importante tener presente el aspecto ético desde el primer día, para poderlo implementar en tu programa, que tendrá el potencial de cambiar el mundo. Así, integra las consideraciones éticas en tu concepto.

Muchas personas esperan implementar la ética de la inteligencia artificial en su trabajo de alguna manera, y esto afecta a empresas, comunidades, estados e individuos. Con este nuevo interés, publicar directrices éticas se ha convertido en la forma típica de hacer ética.

Las pautas éticas en inteligencia artificial tienen tres propósitos principales:

Llamado a la desregulación: Algunas empresas utilizan pautas éticas para demostrar que ya son éticas, sugiriendo que no necesitan regulación externa. Esto equilibra la ética con la innovación.

Aseguramiento: Las empresas publican pautas para tranquilizar a inversores y al público sobre su competencia ética, desviando críticas y manteniendo una imagen positiva.

Experticia: Al publicar pautas, las empresas se posicionan como expertos en ética de IA, ganando influencia y visibilidad en la configuración del futuro de la IA.

En términos simples, las pautas éticas ayudan a las empresas a demostrar que son éticas, tranquilizar a las personas y establecerse como expertos en ética de IA. Consideraciones éticas abarcan todo el ciclo de vida de la IA e involucran a diversos actores como investigadores, ingenieros y usuarios. Estos incluyen problemas relacionados con la toma de decisiones y la igualdad. A pesar de las incertidumbres, el desarrollo ético de la IA ofrece un potencial positivo para individuos, sociedades y el planeta, según nuestras acciones colectivas.

El futuro de la IA: Perspectivas y posibilidades
Posibles impactos en la sociedad

La inteligencia artificial (IA) ha evolucionado desde los primeros algoritmos hasta convertirse en una fuerza transformadora que moldea el futuro de la humanidad en casi todas las industrias. Aunque nos promete eficiencia y nuevos horizontes, también trae consigo desafíos y riesgos que no podemos ignorar. Pocas personas se dieron cuenta de que fue un desarrollo largo, constante y silencioso durante las últimas décadas. **Si ahora te acordaste de Turing y Mc Carthy, significa que hemos logrado algo y que la sociedad contará con una pionera o un pionero más en inteligencia artificial.**

Déjanos saberlo en ailluminati.org

Nos pareció que nos despertamos una mañana y, de repente, estaba aquí.

La revolución más impactante de la historia de la humanidad

La IA no es solo un avance más; es la revolución más impactante de la historia de la humanidad, superando al internet y la revolución industrial. Quizás su impacto solo se pueda comparar con la invención de la rueda o el descubrimiento del fuego por el ser humano. Estos hitos transformaron radicalmente la forma en que vivimos, trabajamos y nos relacionamos con el mundo, y la IA tiene el potencial de hacer lo mismo, redefiniendo los límites de lo posible.

La amenaza del sesgo algorítmico es real y palpable. Ocurre cuando una IA refleja prejuicios humanos presentes en los datos con los que se entrena, favoreciendo a ciertos grupos sobre otros. **¿Te acuerdas del aprendizaje automatizado? Si esto fuere el caso acabaste de conectar la creación de un sistema con la amenaza que surge del mismo sistema. Y así, orgullosamente te confirmamos que ya entendiste el concepto de IA.** Este fenómeno ya está afectando a personas hoy en día, ya sea en procesos de selección de personal o en sistemas de reconocimiento facial que favorecen a ciertos grupos sobre otros. La IA refleja y amplifica los sesgos humanos presentes en los datos con los que se entrena, perpetuando así desigualdades sociales.

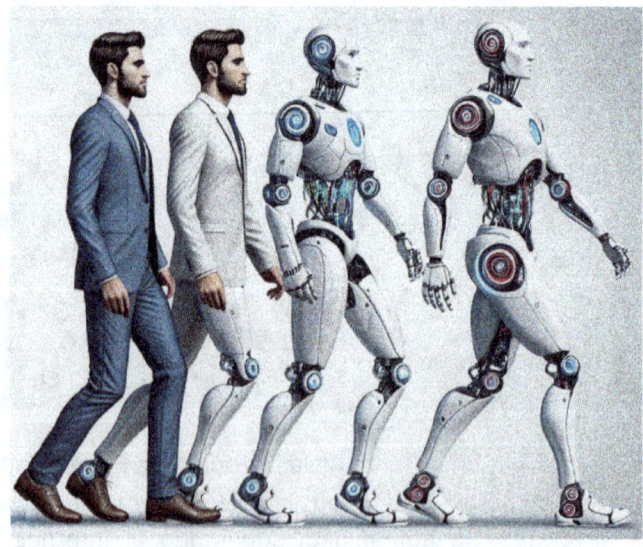

La automatización y la evolución del trabajo han sido constantes a lo largo de la historia. Desde el uso de herramientas primitivas hasta la revolución industrial con el motor de vapor, cada avance tecnológico ha transformado la forma en que trabajamos y vivimos. La IA no es la excepción. Automatiza tareas repetitivas, liberando tiempo y energía para trabajos más creativos y complejos. Sin embargo, la rapidez con la que avanza la tecnología hoy en día puede llevar a una disrupción laboral sin precedentes, donde profesiones enteras probablemente desaparecen en pocos años o meses, dejando a muchos sin tiempo para adaptarse.

La privacidad de los datos y la regulación se convierten en temas cruciales en un mundo donde la IA necesita grandes cantidades de información para entrenarse. Las preocupaciones sobre la recolección y uso de datos personales han llevado a la creación de leyes y directrices como la Carta de Derechos de la IA en Estados Unidos. Aunque estas medidas reflejan una creciente atención a la privacidad, la legislación aún debe evolucionar para enfrentar los desafíos de la era digital.

El impacto ambiental de la IA también es un tema de debate. Si bien puede optimizar cadenas de suministro y reducir emisiones de carbono, el desarrollo y mantenimiento de modelos de IA consume enormes cantidades de energía, lo que podría agravar el cambio climático.

Los riesgos inherentes a la IA son diversos. Desde la pérdida de empleos hasta la propagación de *deepfakes* (un video o imagen alterado por inteligencia artificial para hacer que parezca real, pero es falso) y desinformación, la IA puede causar estragos si no se maneja con cuidado. La posibilidad de armas automatizadas y la perspectiva de una inteligencia superior capaz de escapar al control humano representan amenazas existenciales.

A pesar de estos desafíos, la IA también tiene el potencial de revolucionar la humanidad para bien. Al integrar IA en operaciones empresariales, mejorar la toma de decisiones y transformar industrias enteras, podemos alcanzar niveles de eficiencia y creatividad sin precedentes. Pero para lograrlo, debemos invertir en educación continua, fomentar una regulación responsable y estar vigilantes ante los posibles sesgos y riesgos.

La singularidad tecnológica
La singularidad, el momento en que los sistemas de IA alcanzarán un nivel de independencia y autoconsciencia, es solo una cuestión de tiempo. Es prácticamente seguro que no hay vuelta atrás. A medida que los algoritmos y las capacidades computacionales continúan avanzando, la posibilidad de que las máquinas desarrollen una inteligencia superior a la humana se vuelve cada vez más probable. Este punto de inflexión cambiará nuestra civilización de maneras que aún no podemos prever completamente. En última instancia, el futuro de la IA está en nuestras manos. Si logramos equilibrar sus beneficios con una gestión cuidadosa de sus riesgos, la inteligencia artificial puede ser una herramienta poderosa para construir un futuro más brillante y equitativo.

El futuro de la IA es incierto y emocionante, lleno de posibilidades y retos. La clave estará en cómo la humanidad decida abrazar esta tecnología, con sabiduría y precaución, para aprovechar al máximo sus beneficios mientras mitigamos sus peligros.

Conclusión

La importancia de la educación y comprensión en la IA

Entender la inteligencia artificial no es solo una opción en el mundo de hoy; es una necesidad urgente. En este histórico avance tecnológico, tu decisión de informarte y comprender la IA no solo te enaltece, sino que te distingue. Desde el momento en que abriste este libro por primera vez, diste el primer paso hacia un conocimiento que te abrirá las puertas a oportunidades sin precedentes. Imagina un futuro donde tus habilidades en IA te permitan resolver problemas globales, transformar industrias y mejorar la vida de millones de personas, sin importar tu ocupación actual: ya seas un profesor universitario, un desarrollador de software o un cajero de supermercado. Puede que pienses que aún sabes muy poco, pero créenos, estás más avanzado de lo que crees. Cuando entiendas este libro, tendrás un conocimiento sobre inteligencia artificial mayor que el de la mayoría de la humanidad actual, que la mayoría de las personas en tu entorno diario o las que simplemente pasan por la calle a tu lado. Así que, haz algo con tu conocimiento, porque el mundo realmente espera tu solución. Este es el camino que has elegido, y cada paso te acerca más a convertirte en un líder en este nuevo mundo impulsado por la tecnología. Estamos en el momento 0 de un proceso que cambiará el mundo y acabas de ponerte en posición de salida. **Cuéntanos cómo te ha ido, dónde te encuentras y qué has logrado con tu nuevo conocimiento. ¡De verdad nos interesa saber! (visita ailluminati.org)**

¡Demuéstrale al mundo de lo que eres capaz, esta es tu oportunidad!

Cuando hayas leído y entendido este libro, visita el sitio ailluminati.org y obtén tu diploma como Pionero o Pionera IA Certificado.

Sobre los autores

Gerardo Angulo-Cuentas

Mentor experto de emprendimiento reconocido por APPS.CO - MinTIC – Colombia, estructurador de Proyectos de CTeI validado por MINCIENCIAS e Investigador Senior reconocido por la misma institución. Ingeniero Industrial, Magister y Doctor en Innovación y desarrollo tecnológico. Ha dirigido varios proyectos de investigación en la industria. Posee diversas publicaciones en revistas especializadas en gestión de la Ciencia, la Tecnología y la Innovación. Ha sido asesor del Observatorio del Caribe, Universidad de Sucre, Corporación Universitaria del Caribe, Incubar del Caribe, Cámaras de Comercio de Barranquilla y de Cartagena, Producaribe, el Centro de Creación de Empresas de la Universidad del Atlántico, entre otras. En Unimagdalena ha desempeñado roles como: Decano de la Facultad de Ingeniería, dirigió la planeación de CTeI y cofundador del Centro de Innovación y Emprendimiento de la Universidad del Magdalena, en el cual se desempeñó como director desde febrero de 2017 hasta agosto de 2022. En la actualidad se dedica a la docencia e investigación en Educación en Ingeniería, Innovación e Inteligencia Artificial.

Matthias Klaus

BA en Real Estate Management en Alemania y MBA en International Real Estate Management en Alemania, Gran Bretaña y Suiza. Se desempeña como asesor en inteligencia artificial para entidades gubernamentales, instituciones y centros educativos de renombre. Permanentemente es ponente en eventos de formación profesional de instituciones reconocidas y congresos importantes a nivel latinoamericano, donde trata temas relacionados con inteligencia artificial y el desarrollo de proyectos asociados. Actualmente, es CEO de empresas pioneras en el avance de la inteligencia artificial y en la creación de innovaciones globales de vanguardia. Reconocido por sus contribuciones en la industria inmobiliaria. Ha desarrollado productos innovadores de blockchain aprobados por la Superintendencia Financiera de Alemania y los ha colocado en el mercado europeo. Está inscrito en el RAA (Registro Abierto de Avaluadores, Colombia) por ARAV (Corporación Autorreguladora de Avaluadores, Colombia). Es avaluador inmobiliario certificado en Suiza y la Unión Europea, y reconocido por TEGOVA (The European Group of Valuer's Associations) como avaluador inmobiliario europeo certificado según REV (Recognised European Valuer). Sus otras certificaciones están acreditadas a nivel internacional. En la industria de finanzas, es especialista en inversiones financieras y un experto en prevención de blanqueo de capitales acreditado. Además, ha obtenido la certificación de experto en finanzas islámicas.

Respuestas a los ejercicios

Las respuestas están resaltadas en verde

Ejercicio 1: Entender
¿Es esto IA sí o no?

Reto nivel cero: ¿Es esto IA sí o no?

1. Reconocimiento facial en un teléfono inteligente		
Sí (X)	No ( )	Más o menos ( )
2. Un semáforo que cambia según un temporizador fijo		
Sí ( )	No ( )	**Más o menos (X)**
3. Un robot aspirador que limpia automáticamente		
Sí (X)	No ( )	Más o menos ( )

Reto nivel Pionero: ¿Es esto IA sí o no?

1. Videojuego con personajes que reaccionan a tus acciones		
Sí (X)	No ( )	Más o menos ( )
2. Una calculadora de bolsillo		
Sí ( )	**No (X)**	Más o menos ( )
3. Un reloj despertador digital		
Sí ( )	**No (X)**	Más o menos ( )
4. Robot que traduce de un idioma a otro automáticamente		
Sí (X)	No ( )	Más o menos ( )
5. Cámara de seguridad con detección de movimiento		
Sí (X)	No ( )	Más o menos ( )

Ejercicio 2: Explorar
Una historia de amor.

Reto nivel cero:
¿Qué puedes hacer con un chatbot?
  A) Hacer preguntas,
  B) Aprender cosas nuevas
  C) Divertirte conversando
  D) Explorar temas interesantes
  E) Todas las anteriores y mucho más

Ejercicio 3: Aplicar
¿Cuál sería tu patrimonio hoy?

Instrucción #1 (prompt):
Define bitcoin en menos de 9 palabras
Escoge la respuesta más cercana a la de ChatGPT
a) Moneda digital sin control central, basada en criptografía.
b) Dinero virtual, sin bancos ni gobiernos.
c) Dinero electrónico independiente y seguro.
d) Criptomoneda descentralizada, libre de intermediarios.

Instrucción #2 (prompt):
Define criptografía en menos de 9 palabras
Escoge la respuesta más cercana a la de ChatGPT
a) Proteger información mediante técnicas matemáticas.
b) Método para asegurar datos mediante códigos secretos.

Instrucción #3 (prompt):
Define criptomoneda en menos de 9 palabras
Escoge la respuesta más cercana a la de ChatGPT
a) Moneda digital segura basada en criptografía.
b) Dinero digital encriptado y descentralizado (sin bancos).

Reto nivel pionero:

¿Cuál sería tu patrimonio hoy?

En octubre de 2009, uno recibía 1309 Bitcoin por un dólar. En el año 2024, uno recibía alrededor de 71,000 dólares por un Bitcoin. Imagina que hubieras invertido 10 USD en 2009. ¿Cuál sería tu patrimonio hoy?

Entra a tu cuenta de ChatGPT y con su ayuda rellena la siguiente tabla.

Si hubieras podido comprar Bitcoins con 10 dólares el 5 de octubre de 2009 ¿Cuántos Bitcoins hubieras recibido?		
a)	1,563.00	Bitcoins
b)	4,265.00	Bitcoins
c)	13,090.00	Bitcoins

En junio de 2024 un Bitcoin valía alrededor de $71.000 dólares ¿Cuál sería tu patrimonio?		
a)	$32,073	dólares
b)	$2,815,000	dólares
c)	$929,390,000	dólares

El aprendizaje que queremos te lleves de este reto, no va de invertir o no en criptomonedas, ni tampoco de usar ChatGPT como tu calculadora personalizada. Lo que queremos te lleves es la conclusión, que, siendo pionero en una tecnología, accedes a oportunidades ilimitadas.

Glosario

Adaptabilidad: La capacidad de mejorar el rendimiento mediante el aprendizaje de la experiencia.

Aprendizaje Automático: Un campo de la inteligencia artificial que se centra en el desarrollo de algoritmos y técnicas que permiten a las computadoras aprender de los datos.

Aprendizaje por refuerzo: Un tipo de aprendizaje automático en el que un agente aprende a tomar decisiones mediante ensayo y error, recibiendo recompensas o penalizaciones en función de sus acciones.

Aprendizaje Profundo: Un subcampo del aprendizaje automático que utiliza redes neuronales artificiales con muchas capas (profundas) para modelar y entender patrones complejos en los datos.

Aprendizaje no supervisado: Un tipo de aprendizaje automático en el que el modelo es entrenado con datos no etiquetados y debe encontrar patrones y estructuras en los datos por sí mismo.

Aprendizaje Supervisado: Un tipo de aprendizaje automático en el que el modelo es entrenado con datos etiquetados, es decir, con pares de entrada y salida conocidos.

Autonomía: La capacidad de llevar a cabo tareas en entornos complejos sin una orientación constante por parte del usuario.

Chatbot: Un programa de computadora que utiliza la inteligencia artificial para simular una conversación con usuarios humanos.

ChatGpt: Un modelo de lenguaje de gran escala desarrollado por OpenAI que utiliza técnicas avanzadas de aprendizaje automático para generar texto de manera coherente y natural.

Ciencias de la Computación: El estudio de los principios y el uso de las computadoras, abarcando desde el diseño de hardware y software hasta el desarrollo de algoritmos y teorías computacionales.

Ciencia de Datos: Un campo interdisciplinario que utiliza métodos, procesos, algoritmos y sistemas científicos para extraer conocimiento y obtener conclusiones a partir de datos estructurados y no estructurados.

IA (Inteligencia Artificial): El campo de estudio y desarrollo de sistemas informáticos capaces de realizar tareas que normalmente requieren inteligencia humana.

Inteligencia Artificial Débil: Se refiere a sistemas de IA diseñados para realizar tareas específicas sin una comprensión completa de las mismas.

Inteligencia Artificial Estrecha: Se refiere a sistemas de IA diseñados para realizar una tarea específica o un conjunto de tareas.

Inteligencia Artificial Explicable: Métodos y técnicas que permiten a los humanos entender y confiar en los resultados y salidas creadas por modelos de inteligencia artificial.

Inteligencia Artificial Fuerte: Un concepto hipotético de IA que no solo realiza tareas específicas, sino que también tiene consciencia y una comprensión completa y profunda similar a la humana.

Inteligencia Artificial General: Un tipo de IA que posee la capacidad de entender, aprender y aplicar conocimientos de manera amplia y generalizada, similar a la inteligencia humana.

Minimax: Un algoritmo utilizado en teoría de juegos y decisiones, que busca minimizar la posible pérdida máxima en escenarios adversarios.

Modelo de Lenguaje de Gran Escala (LLM): Un tipo de modelo de aprendizaje profundo entrenado en grandes cantidades de texto para comprender y generar lenguaje natural de manera efectiva.

Procesamiento del Lenguaje Natural (PLN): Campo de la IA que se centra en la interacción entre computadoras y lenguajes humanos naturales.

Prompt: En el contexto de los modelos de lenguaje, es el texto o instrucción inicial que se da al modelo para generar una respuesta o continuar una conversación.

Realidad Aumentada (AR): Tecnología que superpone información digital, como imágenes, sonidos y texto, en el mundo real a través de dispositivos como smartphones y gafas especiales.

Realidad Virtual (VR): Tecnología que crea entornos virtuales inmersivos mediante el uso de dispositivos como cascos y guantes, permitiendo a los usuarios interactuar con un mundo simulado.

Reconocimiento de texto: Tecnología que permite a las computadoras identificar y procesar texto dentro de imágenes, documentos y otros medios visuales.

Redes generativas adversariales (generative adversarial networks o GANs): Un tipo de modelo de aprendizaje profundo en el que dos redes neuronales compiten entre sí, una generadora que crea datos falsos y una discriminadora que intenta distinguir entre datos reales y falsos.

Redes Neuronales: Modelos computacionales inspirados en el cerebro humano que se utilizan para reconocer patrones y aprender a partir de datos.

Redes Neuronales Convolucionales (CNNs): Un tipo de red neuronal profunda especialmente eficaz para procesar datos con una estructura de cuadrícula, como imágenes.

Redes Neuronales Recurrentes (RNNs): Un tipo de red neuronal utilizada especialmente en el procesamiento de secuencias de datos, como el lenguaje natural o series temporales.

Robótica: La rama de la tecnología que se ocupa del diseño, construcción, operación y uso de robots.

Singularidad: Un concepto hipotético en el que la inteligencia artificial supera la inteligencia humana y lleva a un crecimiento exponencial en el desarrollo tecnológico.

Sistemas Expertos: Programas de computadora que imitan la toma de decisiones humanas utilizando una base de conocimientos y reglas predefinidas.

Transfer Learning (Aprendizaje por Transferencia): Técnica de aprendizaje automático donde un modelo desarrollado para una tarea se reutiliza como punto de partida para un modelo en otra tarea.

Transiciones: En el contexto de la IA y la informática, se refiere a los cambios de estado o pasos en un proceso o algoritmo.

Traducción automática: Tecnología que utiliza algoritmos de inteligencia artificial para traducir texto o discurso de un idioma a otro automáticamente.

Visión por computadora: Campo de la IA que permite a las computadoras interpretar y comprender el contenido visual del mundo, como imágenes y videos.

www.ingramcontent.com/pod-product-compliance
Lightning Source LLC
Chambersburg PA
CBHW071935210526
45479CB00002B/694